一本书读懂
K线图

股票K线技法快速入门到精通

王 坤◎著

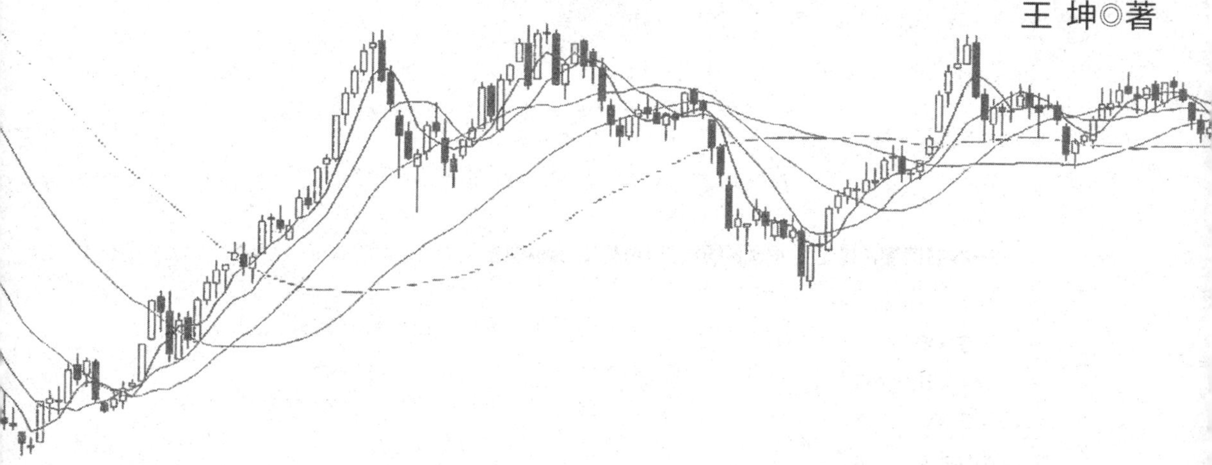

中华工商联合出版社

图书在版编目（CIP）数据

一本书读懂K线图：股票K线技法快速入门到精通 / 王坤著. —北京：中华工商联合出版社，2015.7（2024.8重印）

ISBN 978-7-5158-1348-6

I. ①一… II. ①王… III. ①股票投资－基本知识 IV. ①F830.91

中国版本图书馆CIP数据核字（2015）第143524号

一本书读懂K线图：股票K线技法快速入门到精通

作　　者：王　坤
责任编辑：胡小英　邵桃炜
装帧设计：润和佳艺
责任审读：魏鸿鸣
责任印制：迈致红
出版发行：中华工商联合出版社有限责任公司
印　　刷：衡水翔利印刷有限公司
版　　次：2015年8月第1版
印　　次：2024年8月第11次印刷
开　　本：787mm × 1092mm　1/16
字　　数：250千字
印　　张：14
书　　号：ISBN 978-7-5158-1348-6
定　　价：38.00元

服务热线：010-58301130-0（前台）
销售热线：010-58302977（网店部）
010-58302166（门店部）
010-58302837（馆配部、新媒体部）
010-58302813（团购部）
地址邮编：北京市西城区西环广场A座
19－20层，100044
http://www.chgslcbs.cn
投稿热线：010-58302907（总编室）
投稿邮箱：1621239583@qq.com

序言

PREFACE

股票市场的最大魅力，就在于它让每一位投资者怀揣美好的梦想，希望自己能够从中获取丰厚的投资报酬。然而，经过一场市场风雨的洗礼，大多数投资者发现，股票市场并没有想象中那么简单。自己投入的大量本金，往往因不当的分析和错误的决策变得越来越少，这不能不引起我们的反思。

事实上，投资绝不仅仅只是金钱的投入。要想从股市中获取利润，首先要投入大量的时间和精力进行技术分析的学习，只有掌握了一套正确的技术分析方法，培养了一定的操盘能力，才能够使自己从容面对股市中的跌宕起伏。可惜不少的新手股民都对学习技术分析方法怀有畏难心理。

其实，要掌握一门技术分析方法并不难，K线就是最简单、最基本、最有效的技术分析方法。但是令人遗憾的是，许多股票技术分析方法书里，由于使用大量的术语以及高深的技术指标，让刚入股市的投资者产生了心理障碍，结果错过学习的机会，往往不能直接理解和应用。

而一些股票书的写作从一开始就讲述各种高深的技术指标，初次接触这些理论的新手股民不能理解，于是认为技术分析太专业，很难学。他们被那些所谓专业术语吓住了，觉得技术分析是高深莫测的东西，苦于没有初入门庭的必备知识，其实是未窥其门径而已。

事实上，所有的学习都需要一个循序渐进的过程。先从容易理解的知识入手，尝到学习的甜头，才会更有劲头去深入学习。本书从最基本的技术分析开始讲起，让那些有志于学习技术分析的广大中小投资者们可以得到一本由基础开始讲解的教材，由初学到进阶，着重于让大家知道这些技术分析的方法是怎么来的，透过现象看到问题的本质，才能从根本上解决问题。

有一些技术分析类的书籍只是讲解一些成功的案例，并没有谈及失败的案例，于是放大了某些K线组合、形态及指标的作用，使得读者不明所以，按图索骥，最终走入亏损的陷阱，读者觉得伤心，便以为技术分析毫无用处。本书规避了这个短处，在成功的案例后向会附上一些失败的案例，告诉当读者遇到这种情况时，应该如何解决。

全书内容全面系统，语言力求通俗，案例资料丰富，使读者可以将理论融入实际当中，在实际操盘的过程中相互对照使用。简明易懂的文字，配合直观的图表，对K线的方方面面进行深入浅出的讲解，可让任何股市新手看懂本书，并掌握有效的操盘技法，快速实现盈利。

毫无疑问，K线图技术是一种十分有效的技术分析方法，但在学习和使用这种方法的过程中，我们首先应该对它的功能有一个正确的认识。那些希望能一夜暴富的人开始总是夸大K线图的功能，可是最终又不得不承认正是他们的错误理解才造成了严重的损失。

股市变化充满随机性，就像现实人生一样，是无常的，尽管我们总结出了许多股价运行的规律，但是不可否认，在一般规律之中也存在特殊情况的存在。无常是世界的自然法则，也是股市里的自然法则，没有什么分析方法能够保证百分之百赢利。

因此，我们应该抱着一种健康的态度来学习和探究这一分析技术。希望本书带给大家的正是这样一种不断追求真知的态度，同时也希望本书能帮助您建立自己的交易系统，以实现稳定的赢利。

目录

CONTENTS

第三章 关键性双K线组合精要解析

第四章 关键性多K线组合精要解析

第五章 常见K线集群形态的分析

第六章 配合K线的常用技术指标

第一章
CHAPTER 1

初识K线

K线是一切技术分析的基础，它是市场资金充分博弈的结果，研究最原始的K线是技术分析的重点。本章主要是让大家了解K线的基本知识，明白K线的基本原理，了解K线系统对股价走向起到的预测作用。

什么是K线

K线分析方法是股票市场进行投资最普遍、最常用、最有效的技术分析方法，它起源于日本。当时，日本正处于战国时代（1467～1615年），整个国家是分裂的，各大领主之间不时爆发战争。在这样一个混乱的时期，经济环境遭到巨大的破坏，当时整个日本都没有统一的货币，但是人们需要交易，只能使用大米作为交易的媒介。为了更加方便，封建领主就将大米存放在大阪的仓库之中，领取一封合约，到市场上进行交易。17世纪下半叶，大阪堂岛大米会所成立了。为了记录每天的米市行情变化，当时的日本米市商人就发明了一种K线。

18世纪，德川幕府统治日本，整个日本进入和平发展时期。1710年，大阪堂岛大米会所诞生了世界上最早的期货合约——“大米库券”。这个时候，大米库券的交易已经不涉及具体的实物大米，因此大米库券又被称为“空米”库券。随着大米生意的经纪业的繁荣发展，大米库券的交易也变得非常活跃。

就在此时，日本大米市场上出现一位传奇人物，他的名字叫作本间宗久，他进入了日本最大的大米交易市场，投身于大米期货交易。凭着其过人的市场见识以及对大米市场的深刻研究，本间宗久在日本大米市场上呼风唤雨，快速地积聚了惊人的财富。

那么，本间宗久是怎么做到的呢？他能够从大米交易市场中获得惊人财富，其中有何奥秘呢？奥秘就在K线上。原来本间宗久是根据K线图的形态变化来进行交易。后来，本间宗久把他在大米市场上所采用的交易策略写成了两本书，其中一本非常有名，叫《酒田战法》。这部《酒田战法》就是K线技术分析方法的前身。

经过几百年的发展和改进，如今K线技术分析方法已经广泛应用于股票、期货、外汇和期权等证券市场，在我国乃至整个东南亚地区广为流行。

1990年，美国人史蒂夫·尼森将日本的K线技术分析方法引进西方，被西方金融界誉为“K线技术之父”。随后，K线技术分析风靡全世界，成为技术分析方法的核心。

因K线形状像蜡烛，故而K线图又被称为蜡烛图。K线有黑白之分，因此又被叫作阴阳线图。K线图是现在的股市分析中最常用的一种图，K线的形态能反映出主力资金的操作心理，职业投资者在进行大盘转折判断和潜力股套利时最常用的也是K线图。

K线图的特点是直观、立体感强、信息量大。通过K线图，人们能把每日或某一周期的市况表现完全记录下来，股价经过一段时间的盘整后，在图上即形成一种特殊区域或形态，不同的形态显示出不同意义，便可以从这些形态的变化中摸索出一些有规律的东西出来。

对于投资者而言，在实际分析中常常要研究和分析较长一段时间K线图的走势，来找出其可能前进的方向。在后面的章节中，我们将详细地介绍K线图的含义。

操盘金言

K线是股票投资中的基础技术，也是核心技术。它的双重身份作用既展示了它在金融市场中的显赫地位，也反映出它在技术分析中是无可替代的王者。

K线的构成要素

一根K线主要包括三个部分：实体、上影线和下影线。实体即开盘价与收盘价之间的部分；上影线是实体以上的部分，即实体上方的细线；下影线是实体以下的部分，即实体下方的细线。由此可知，绘制一根K线的时候，我们需要了解四个基本信息：开盘价、最低价、最高价和收盘价。

开盘价，又称“开市价”，是指某种证券在证券交易所每个交易日开市后的第一笔买卖成交价格。世界上大多数证券交易所都采用成交额最大原则来确定开盘价。

收盘价，是指某种证券在证券交易所一天交易活动结束前最后一笔交易的成交价格。如当日没有成交，则采用最近一次的成交价格作为收盘价，因为收盘价是当日行情的标准，又是下一个交易日开盘价的依据，可据此预测未来证券市场行情，所以投资者分析行情时一般采用收盘价作为计算依据。

最高价，是指某种证券在每个交易日从开市到收市的交易过程中所产生的最高价格。如果当日该种证券成交价格没有发生变化，最高价就是即时价；若当日该种证券停牌，则最高价就是前一交易日收市价。最高价有时是一笔，有时会有几笔。

最低价，是指某种证券在每个交易日从开市到收市的交易过程中所产生的最低价格。如果当日该种证券成交价格没有发生变化，最低价就是即时价；若当日该种证券停牌，则最低价就是前一交易日的收市价。

以绘制日K线为例，首先要确定开盘和收盘的价格，把它们之间的部分画成矩形实体。

如果收盘价格高于开盘价格，则K线被称为阳线，用空心柱体或红色实体表示；反之称为阴线，用黑色实体或绿色实体表示。

现在许多炒股软件都用彩色实体来表示阴线和阳线，在国内股票和期货市场中，通常用红色表示阳线，绿色表示阴线。但是，投资者需要注意的是，欧美股票及外汇市场上通常用绿色代表阳线，红色代表阴线，这与国内的习惯刚好相反。

用上影线和下影线将最高价、最低价与实体分别相互连接。根据日K线的画法，投资者可以画出各种短期K线图和长期K线图。

1. 阳线，指的是收盘价高于开盘价的K线，在K线图中用红线标注，表示上涨（图1–1）。

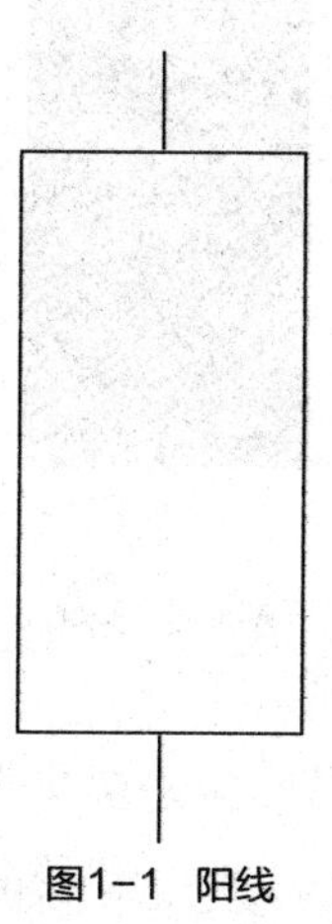

图1–1 阳线

如图1–1所示，K线最上方的一条细线称为上影线，中间的一条粗线称为实体，下面的一条细线称为下影线。

当收盘价高于开盘价，也就是股价走势呈上升趋势时，这种情况的K线即为阳线，中部的实体以空白或红色表示。上影线的长度表示最高价和收盘价之间的价差，实体的长短代表收盘价与开盘价之间的价差，下影线的长度则代表开盘价和最低价之间的差距。

投资者需要注意的是，通常所讲的股票的涨跌指的是当日收盘价与开盘价之间的比较，当K线为阳线时，只表示当天收盘价高于当天开盘价。

通常来说，阳线表示买盘较强，卖盘较弱，这时，由于股票供不应求，会导致股价的上扬。

2. 阴线，指的是开盘价高于收盘价的K线。K线图上一般用绿色标注，表示股票下跌（图1−2）。

图1−2 阴线

当收盘价低于开盘价也就是股价走势呈下降趋势时，我们称这种情况的K线为阴线。此时，上影线的长度表示最高价和开盘价之间的价差，实体的长短代表开盘价比收盘价高出的幅度，下影线的长度则由收盘价和最低价之间的价差大小所决定。

阴线表示卖盘较强，买盘较弱。此时，由于股票的持有者急于抛出股票，致使股价下挫。

操盘金言

K线图用通俗易懂的图形完整地记录每日的股市行情和买卖双方的战斗情况，并逐日按时间顺序把一定时间周期内发生的价格变化记录下来，使人们可以看到过去几日、一周、一个月以及数年的股价历史走势，为股市未来走势的研判提供了有价值的参考。

K线的种类介绍

K线的种类若以时间周期来分，有日K线、周K线、月K线、年K线、小时K线和分钟K线等。日K线是以一天的开盘价、收盘价、最高价和最低价绘制的K线，前两节已经讲过。

周K线是以周一的开盘价、周五的收盘价、全周最高价和全周最低价刻画的K线图。月K线是以一个月的第一个交易日的开盘价、最后一个交易日的收盘价和全月最高价与全月最低价刻画的K线图。年K线以一年的第一个交易日的开盘价、最后一个交易日的收盘价和全年最高价与全年最低价刻画的K线图。

若以K线的形态分类，大致有下面十几种类别，读者可以仔细了解一下。

1. 光头光脚阳线，见图1-3，它既无上影线也无下影线，对行情有明显的指示作用，若它在行情启动的初期出现，配合巨量，是庄家建仓的信号，是良好的买点；若出现在股价反复拉升的后期，配合巨量，通常是庄家出货的明显征兆，投资者可在该线出现的当日或次日根据走势，逢高卖出。

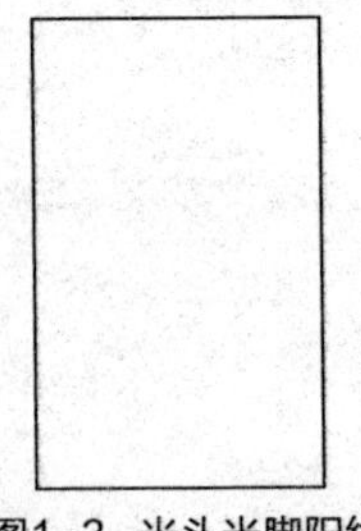

图1-3 光头光脚阳线

2. 光脚阳线，见图1-4，只有上影线没有下影线，在行情启动的初期是良好的买入信号；在行情反复上涨的后期，则是冲高受阻的表现，投资者要防止股价回落。

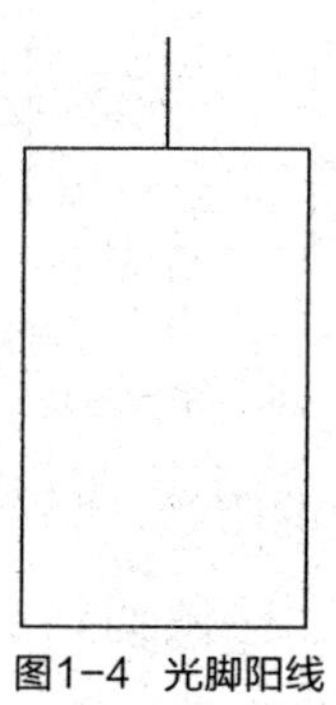

图1-4 光脚阳线

3. 光头阳线，见图1-5，只有下影线没有上影线，走势比光脚阳线强，上攻的力度较大，在行情启动的初期出现通常是行情止跌企稳并将大幅上攻的买入信号；在行情反复拉升的后期，则有庄家尝试出货的迹象，投资者要关注接下来几天大盘或个股的走势，才能确定进出。

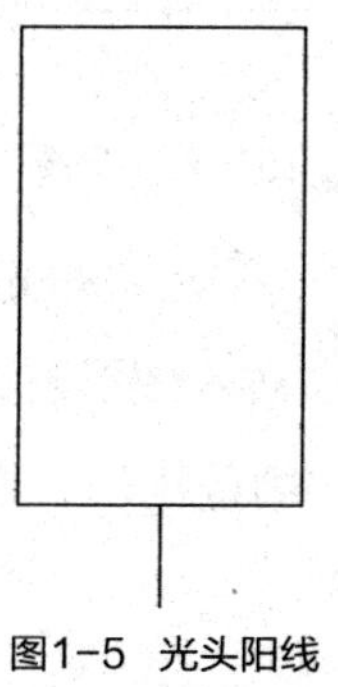

图1-5 光头阳线

4. 大阳线是指阳线实体较大，带有上下影线，对行情的指示作用和前面三种阳线类似，见图1-6。

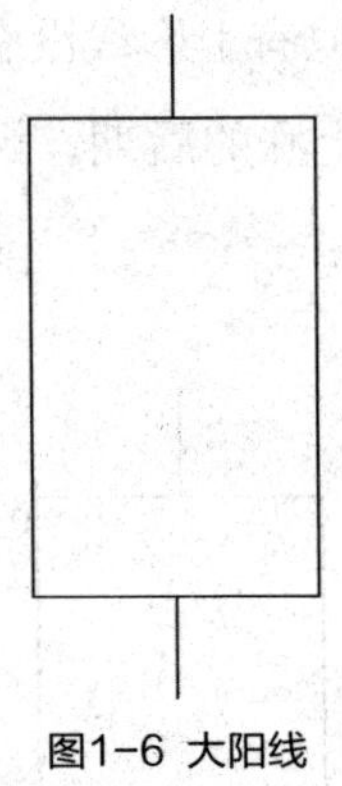

图1-6 大阳线

5. 小阳线是指实体非常小的阳线，既有上影线也有下影线，但上下影线都不长，见图1-7。小阳线若出现在行情反复下跌的末期，有止跌企稳的信号；若出现在行情反复上涨的后期，则是上攻无力和行情即将结束的标志；如果在上涨或下跌途中遇到小阳线，则无任何重大意义。

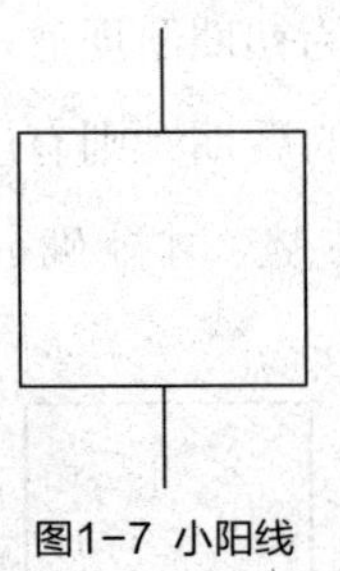

图1-7 小阳线

6. 星形阳线，又叫小阳星、阳星，是指实体很小的小阳线，上下影线也极短，见图1-8。K线缩短是一种收敛形态，体现了买家的一种犹豫和僵持的情绪，若在股价上涨和下跌的中途出现，没有任何意义；但若在波段高位或波段低位出现则是重要的变盘前兆。

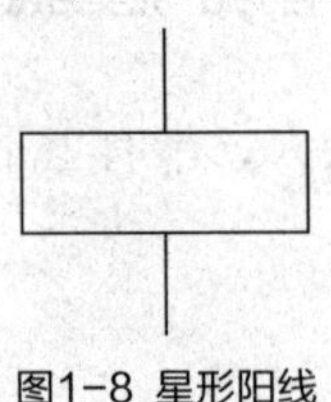

图1-8 星形阳线

7. 长下影K线，也叫上吊线、锤头线，K线实体较小，但有长长的下影线，阴阳皆有，见图1-9。若出现在高位，是见顶的经典信号，叫作上吊线；而出现在低位，则是探底回升、行情即将上涨的重要信号，叫作锤头线。

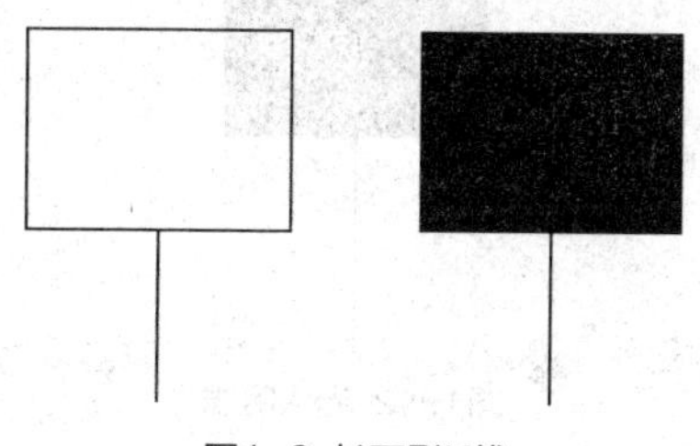

图1-9 长下影K线

8. 长上影K线，也叫射击之星、流星，K线的实体较小，但有长长的上影线，阴阳皆可，见图1-10。若出现在波段高位，是冲高受阻、股价即将回落的见顶信号，就叫作流星；若出现在波段低位，则是止跌企稳、主力向上试盘、即将发动行情的重要信号，则叫作射击之星。

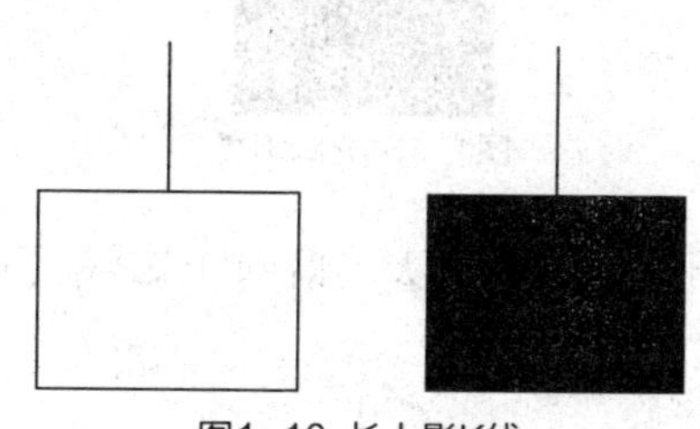

图1-10 长上影K线

9. 光头光脚阴线，既无上影线，也无下影线，见图1-11。若出现在波段高位叫长阴墓碑，是主力高开后一路放货的标志，是明显的见顶信号；若发生在低位，则是主力制造骗线、骗散户筹码的常用手段，行情即将转好。

图1-11 光头光脚阴线

10. 光头阴线，只有下影线，没有上影线，一般代表趋势看淡，但多方稍有抵抗的局面，见图1-12。

图1-12 光头阴线

11. 光脚阴线，只有上影线，无下影线，见图1-13，此种K线比光头阴线更悲观，后市以看跌为主。

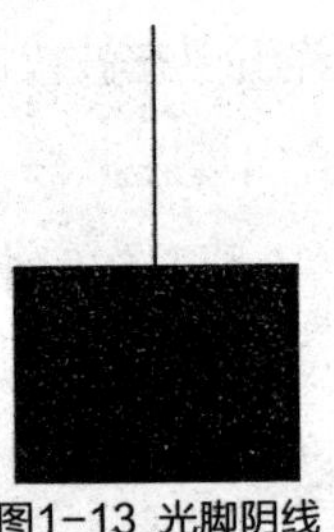

图1-13 光脚阴线

12. 大阴线是指阴线实体非常大，既有上影线又有下影线的一种K线，通常后市看淡，见图1-14。

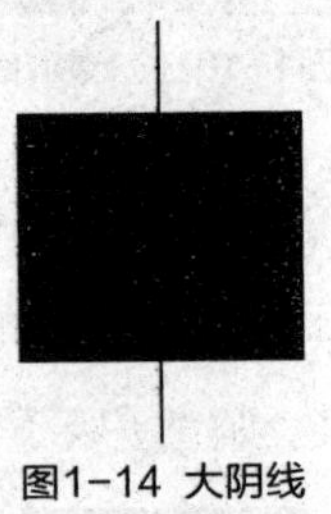

图1-14 大阴线

13. 小阴线是指阴线实体较小的K线，有不太长的上下影线，见图1-15。若出现在波段高点，是明显的上攻受阻、波段见顶的信号；若出现在波段低点，则是做空动能减弱、行情即将转强的信号。

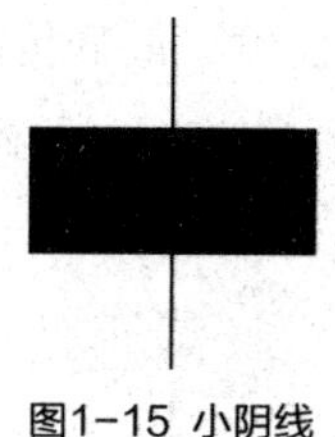

图1-15 小阴线

14. 星形阴线，又叫小阴星、阴星，是实体极小的阴线，带有不太长的上下影线，见图1-16。此线是小阴线的收敛形态，与小阴线的意义相同，但比小阴线有更强的转势指引。

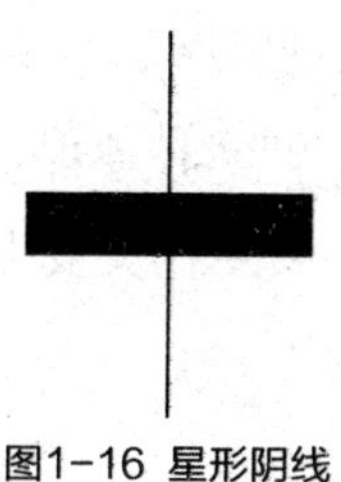

图1-16 星形阴线

15. 一字线就是“四值同一线”，即开盘价、最高价、最低价、收盘价四值相同，见图1-17，阳线为涨停，阴线为跌停。在上升趋势里，这是股票极强势的体现；而在下跌趋势里，这是股票极弱势的体现。

图1-17 一字线

16. T字线即开盘价、最高价、收盘价同值的K线，它有长长的下影线，可阴可阳，见图1-18。在波段高位是主力试盘出货的见顶信号；而在波段低位则是探底回升、股价趋势将转好的信号。

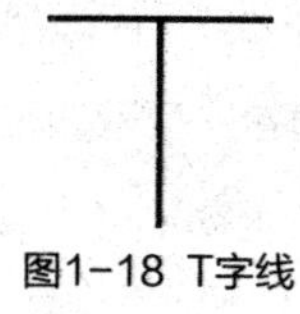

图1-18 T字线

17. 倒T字线即开盘价、收盘价、最低价同值的K线，有长长的上影线，可阴可阳，见图1-19。处在高位，是股价上攻受阻、即将见顶的重要信号；而处在低位，则是主力上攻试盘、即将发动行情的重要信号。

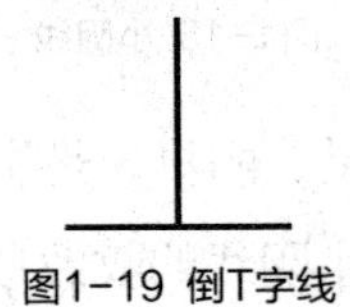

图1-19 倒T字线

18. 十字星即开盘价与收盘价同值、上下影线长度相近的K线，见图1-20。十字星是K线收敛到极致的一种体现，多空僵持到均衡阶段，是行情即将变盘的重要标志性K线。若发生在反复上涨后，趋势以看跌为主；若发生在反复下跌后，趋势以看涨为主。

图1-20 十字星

以上就是K线的种类，对于这些K线，投资者需要熟悉其形态，更要了解其内涵，如果能够进一步看到背后的投资心理变化情况，那就更好了。

操盘金言

股市之所以难以预测，是因为股市实际上就是投资者心理的反映，由于投资者心理难测，所以股市也难以琢磨，但是在这方面，K线分析有一定的优势，因为相比较宏观、基本面等理论分析方法，它更加直接，反映的是市场资金博弈，也就是投资者们心理变化的实际情况。

K线分析的基本用途

K线图的直观、立体感强、携带信息量大，能充分显示股价趋势的强弱、买卖双方力量平衡的变化，预测后市走向时较准确。

一般而言，通过对K线图的实体是阴线还是阳线，上、下影线的长短等的分析，可以用来判断多空双方力量的对比和后市的走向。

通常来讲，收出阳线，说明买方的力量强过卖方，经过一天多空力量的较量，以多方的胜利而告终。阳线越长，说明多方力量胜过空方越多，后市继续走强的可能性越大。相反，若是收出阴线，表示卖方力量强过买方力量，阴线越长，说明空方力量胜过多方越多，后市走弱的可能性越大。不带上、下影线的K线即光头光脚K线，在股市上比较少见。后面我们将进行具体分析。

影线代表转折信号，向一个方向的影线越长，越不利于股价朝这个方向变动，即上影线越长，越不利于股价上涨；下影线越长，越不利于股价下跌。阳线带上影线，说明多方胜利得来不易，虽然暂时取得胜利，但继续上升有困难。阳线带下影线，说明空方虽然企图打压，但以多方的胜利而告终。阴线带上影线，说明多方虽然企图上升，但以空方的胜利而告终。阴线带下影线，说明卖方势力在减弱。

在实际操作中，实体大小代表内在动力，实体越大，上涨或下跌的趋势越明显；反之，趋势则不明显。以阳线为例，其实体就是收盘高于开盘的那

部分。就如质量越大与速度越快的物体，其惯性冲力也越大的物理学原理一样，阳线实体越大，代表其内在上涨动力也越大，其上涨的动力将大于实体小的阳线。同理可得，阴线实体越大，下跌动力也越足。

值得注意的是，当K线的实体由于开盘价与收盘价相等或十分接近而变得很窄，而上影线和下影的长度也差不多时，称之为十字星。十字星往往是个转折点，如十字星出现在连日上涨之后，就可能是下跌的信号；而如果十字星出现在连日下跌之后，就可能是上涨的信号。如果K线的实体很窄，而影线的一侧很长，构成“T”字形，也和十字星一样，常常是转势的信号。

另外，K线组合是由多根K线按不同规则组合在一起形成的一组K线，K线组合所包含的信息更加丰富多样。

例如，在涨势中出现乌云盖顶K线组合，说明可能升势已尽，投资者应尽早离场；在跌势中出现旭日东升K线组合，说明股价可能见底回升，投资者应不失时机地逢低建仓。

可见，各种K线形态正以它们所包含的信息不断地向人们发出买进和卖出的信号，为投资者看清大势、正确地买卖股票提供了很大的帮助，从而使它成为投资者手中极为实用的操盘工具。

当然，K线图也有缺点，那就是阴线与阳线的变化繁多对初学者来说，在掌握分析方面会有相当的困难，不是简单易懂的。

操盘金言

股市技术分析中绝大部分的技术指标都源于K线，都是以K线为基础进行设计的。把握K线发出的信号，对于操作的帮助是显而易见的。为了更深刻地了解K线组合形态，投资者应该了解每种组合形态的内在和外在原理。

K线技术分析应注意的问题

尽管用K线描述市场具有很强的视觉效果，但一些常见的K线组合形态只是根据经验总结了一些典型的形状，并没有严格的科学逻辑。投资者需要清楚地认识到，任何的技术分析方法都不是绝对的、万能的，K线也不例外。因此，投资者在实际操作中对一些K线图分析中的注意事项应加以关注。

第一，应用K线图的时机。比如，如果阳线出现在盘整或股价下跌趋势末期时，说明股价可能会开始反转向上；如果阴线出现在盘整或股价上涨趋势末期时，说明股价可能会开始反转向下。

第二，因为K线仅表示股票价格，所以应用时，应配合成交量观察买方与卖方强弱状况，找出股价的支撑区与压力区。

第三，每日开盘价与收盘价易受主力庄家影响，因此也可参考周K线图，按每周初开盘价、每周末收盘价、每周最高价、每周最低价绘制K线。因为主力庄家较难全盘影响一周走势。

第四， 股市的变动是复杂的，而实际的市场情况可能与投资者的判断有距离。统计数据可以证明，仅仅依靠K线组合来研判后市走势，成功率并不是很高。

第五，K线分析方法必须与其他方法相结合，因为K线分析方法并不是完美无缺的技术，这一点同其他技术分析方法是一样的。与其他分析方法相互配合，才可以尽可能地提高胜率。

第六，学会分析投资者心理。K线形态是股价波动的反映，而股价波动是多空双方力量权衡的结果，它反映了交易双方的心理变化过程。所以，要透过股价波动的表象去分析投资者的投资心理，才能把握各种K线的变化趋势。

第七，日线、周线、月线综合使用。同样的K线组合，周期越长，可信度越高。日K线在日常分析中运用得最多，但是骗线的概率也最大，所以投资者在用日线进行分析的同时，还应该结合周线、月线共同研判。

第八，掌握K线组合形态的精髓。投资者通过深入学习就会发现K线形态具有很多的相似性，这也在使用中给投资者带来了一定的困难。为了避免误认，投资者对相近的图形要反复比较，真正搞清楚它们的区别所在。

第九，要灵活应用。K线组合形态只是经验总结的产物，投资者如果一点不变地照搬组合形态，有可能长时间碰不到合适的机会。因此，投资者应以实际情况为出发点，灵活应用K线组合形态分析。

总而言之，任何方法都不是完美的，K线反映的是已经发生的过去，但过去不能决定现在，股市的现在是由投资者对未来的预期决定的，所以K线分析同样有其局限性。这就是运用技术分析的风险，切不可按图索骥地使用K线组合买卖股票，你需要学习和掌握K线分析方法，需要思考，而不是按部就班使用K线。记住，多收集、分析各种牛股的走势特点，积累出经验，然后在实践中灵活运用。

操盘金言

武术功夫的修炼会因人的悟性与时间的长短而呈现不同的境界层次，K线技术分析的功夫同样如此。如果懂得了K线技术的实战精髓，就表明你已进入技术分析的高层次境界，已经可以运用K线技术于实战交易轻松获利，在日积月累的实战经验的帮助下，你就可能会取得投资事业的成功。

常见单K线精要解析

基本K线形态并不难理解。K线实体和影线的长短有着特殊的意义，尤其是一些关键的K线，它们将成为我们本书中所讨论的重点。了解各种K线的基础知识后，再配合一些实际操作的练习，您会发现学习进展特别快，用不了多久，您就能捕捉到暗藏在K线形态背后重要的获利密码信息。

光头光脚阳线

光头光脚阳线，即不带上下影线的阳线，见图2-1。股价经过一天的运行之后以当天的最高价收盘，即收盘价和当天的最高价相等。而当天股价的开盘价是当天的最低价，也就是说股价在开盘之后就一路走高，截至收盘时，股价始终是在开盘价之上运行的。

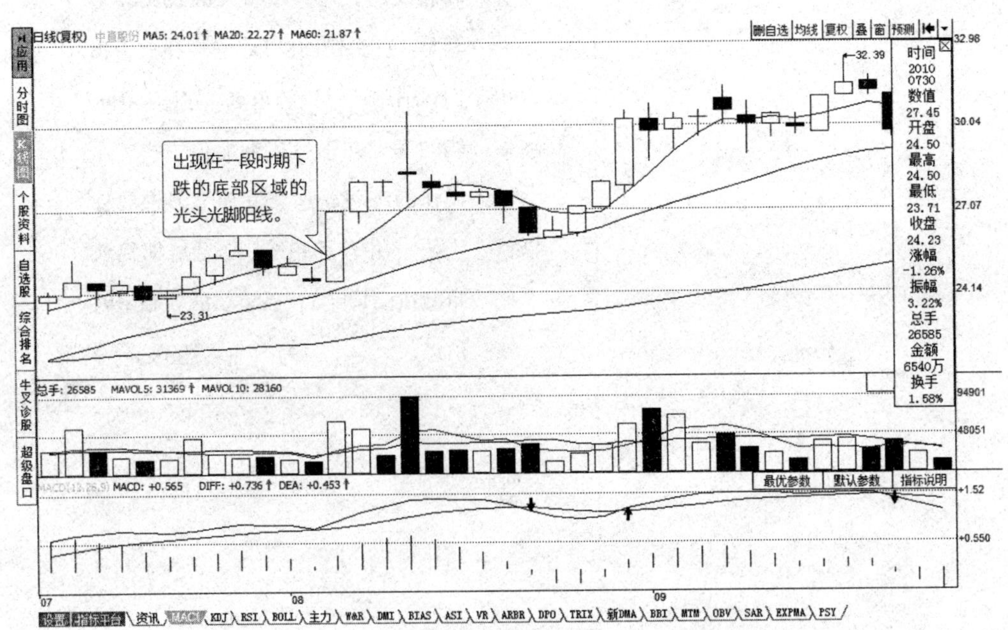

图2-1 光头光脚阳线

仅从单根的大阳线来看，当股价收出阳线的情况时，说明当天买方的力量比较强大，股价开盘后买方就占据了上风，在买盘不断增加的情况下，股价被一步步的高，直至收盘时以最高价格报收。总的来说，光头光脚阳线意味着多方力量具有优势，说明市场或股价已经进入底部，如果随后股价不跌破此阳线实体的二分之一位置，就是介入时机。但是在股价实际的走势过程中，我们还要结合当时股价所处的位置，这种阳线出现在股价运行的不同位置时所代表的意义是不同的。

1. 当这种阳线出现在股价经过一段时期下跌的底部区域时，那么预示着股价很有可能会告别下跌行情，即将迎来反弹甚至是一波上涨行情。

如图2-1所示，2010年8月13日，中直股份（6000张）放量收出一根光头光脚阳线，突破前期高点，形成突破走势，表明多方占据明显优势，此后该股一路上扬。

2. 上涨不久的中途。如果这种阳线出现在股价上涨不久的中途时，则表明买方力量在增强，买方占据了上风，预示后市股价将会继续上涨，有些个股甚至还会进入加速上涨行情。

3. 长期上涨的高位。要是这种阳线出现在股价经过长期上涨的高位区域，特别是在股价经过长期上涨之后的加速拉升时，很有可能是庄家故意拉高股价来吸引投资者接盘，从而达到出货的目的。

因此，在股价处于高位区域时出现这种不带上下影线的阳线的话，特别是在成交量也出现明显放大的情况下出现，就要引起投资者的高度注意，此时预示着上涨行情即将结束，随时都会迎来下跌行情。

值得注意的是，在股价运行到高位时出现不带上下影线的阳线，并不一定代表股价立刻就会进入下跌行情，有些庄家在出货时往往会让股价惯性地继续向上运行几天后再向下砸盘。

所以，当股价大幅度上涨之后出现这种走势时，不要看到第二天股价继续走高而轻易去追涨，当然，如果有一天，你成为一名短线高手，对于

技术分析方法有了深刻理解，开发和建立起了自己的一套操盘系统，那就另当别论了。

操盘金言

光头光脚阳线往往代表市场中的多空力量呈一边倒格局，但一根K线只能对短期行情进行预判，操作参考也倾向于短线投资，这样的K线对中长期投资者的参考意义不大。

光脚阳线

光脚阳线，即只带上影线的阳线，见图2-2。这种K线在实际操作过程中也经常会碰到，股价在当天开盘之后就一路走高，当天的开盘价格就是当天的最低价。但在股价一路上涨的过程中受到阻力而出现回落，没能在最高价位上收盘，截至收盘时股价以低于当天的最高价收盘，最终收出一根带上影线的阳线形态。

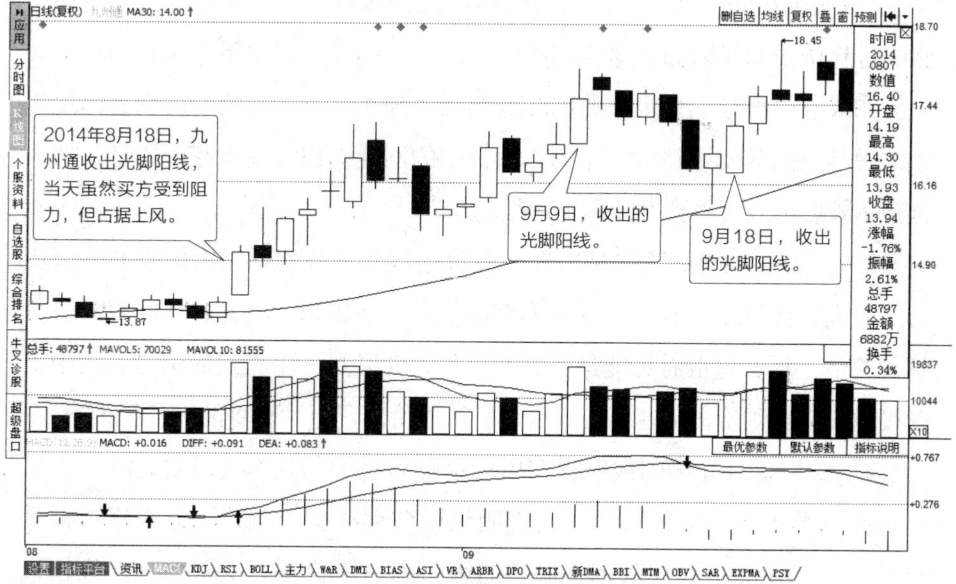

图2-2 光脚阳线

光脚阳线有可能出现在各种位置，如图2-2所示。就单根K线来看，买方在当天占据了上风，虽然股价在上涨的过程中受到了阻力而回落，但截至收盘时，买方依旧掌握着主动权。从股价开盘就一路走高就能看出，在当天的股价运行中，买方一直主导着这个市场，后来遇到阻力时，卖方也只不过是反击而已，但最终还是没能把买方的力量完全打压下去。其中上影线越短，说明所受到的阻力就越小；相反，上影线越长，说明受到的阻力就越大，代表卖方反击的力度就越大。

光脚阳线出现在股价运行的不同位置时，所代表的市场意义也是不同的，其具体的市场意义可以分为以下几种情况。

1. 当股价在经过一波下跌行情之后，在底部区域出现这种光脚阳线时，则标志着做多力量在明显转强，虽然在反弹的过程中受到了一定的阻力，但当天买方的力量要远远强于卖方的力量，这预示着股价很有可能会出现反弹或反转行情。

2. 如果在股价处于上涨的中途出现这种光脚阳线，则标志着股价在上涨的过程中受到了阻力，这说明盘中一部分短线投资者出现了获利回吐，如果第二天盘中继续出现大量的回吐盘的话，那么这预示着股价后期会出现停顿整理甚至回落的走势。如果第二天盘中的回吐盘出现逐步减少的话，那么这预示着后市股价将会继续向上运行。

3. 如果这种光脚阳线是出现在股价运行到高位的话，则标志着上方压力比较大；如果是在股价经过大幅度的上涨之后出现的，并且伴随着成交量放大的话，那么这很有可能是庄家在出货，此时是一个看跌的信号，其中上影线越长，表明价格上方压力越大，后市股价出现下跌的可能性就越大。

4. 如果这种光脚阳线出现在股价运行到重要的技术关口附近时，如60日均线、半年线、年线附近，则表明该股前期在这个位置附近积累了大量的套牢盘。在这些套牢盘解套抛售的压力下，股价冲高受阻，上影线越长代表上档的抛压越沉重，要是做多力量不能及时起来反击的话，后市的股价很有可能会在解套盘的压力下出现回落整理，并以整理的形式来消化这附近的压力。

5. 需要提醒投资者的是，无论这种光脚阳线是出现在股价运行的什么位置，只要上影线的长度大于阳线实体的两倍以上时，则预示着后市股价出现停顿整理甚至回落整理的可能性相当大。

操盘金言

全天多头主动进攻，阶梯状上升，最终形成光脚阳线能说明买方力量强；如果全天横盘，尾盘突然异动，在短时间内拉出一根长阳线，动机就值得怀疑。

光头阳线

光头阳线，即只带下影线的阳线，见图2-3。盘中出现这种K线，说明下方有一定的承接力，股价回落后受到了支撑而反弹。股价在开盘之后并不是一路走高，而是在运行的过程中出现了回落，但在回落之后股价又开始逐步地回升，并以高于开盘价的价格收盘，而收盘价即是当天的最高价格。

股价在当天的运行中创出了一个最低点，并且这个最低点要低于当天的开盘价格，截至收盘时股价收出了一根光头阳线。

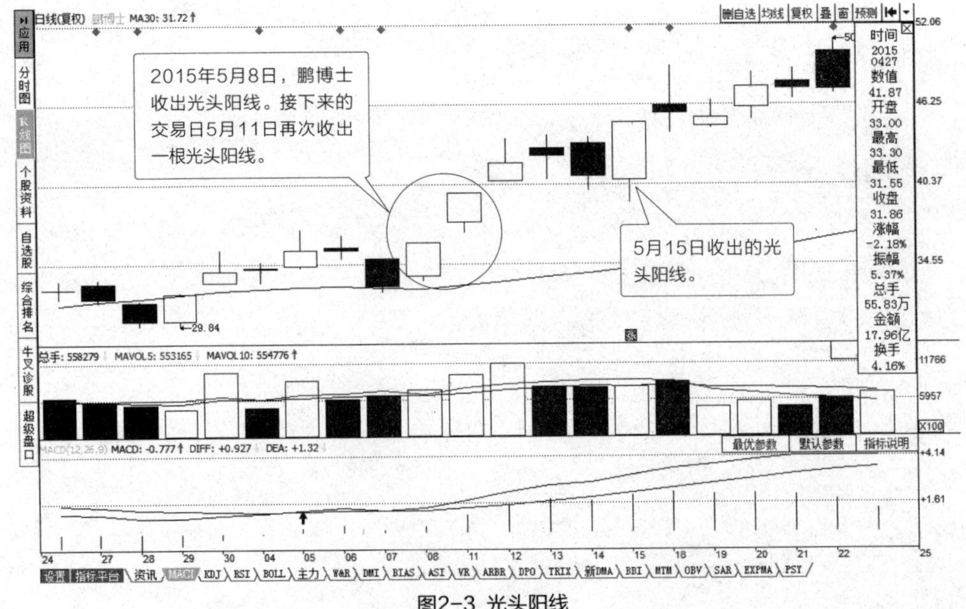

图2-3 光头阳线

光头阳线通常都出现在上涨通道当中，如图2-3所示。通过分析光头阳线，我们知道股价在当天的运行中出现了一定幅度的回落，说明股价受到了卖方的打压，但是在股价回落之后又逐步地被拉了起来，并且在截至收盘时以高于当天开盘价的价格收盘，收盘价格即是当天的最高价。从股价一整天的运行情况来看，投资者可以看出当天买方占据了主导地位，并最终掌握了当天股价走势的主动权。但是，这并不代表后市股价就一定会走强，这种光头阳线出现在股价运行的不同位置时，所代表的市场意义也是不一样的。

第一，如果这种光头阳线是出现在股价经过一波大幅度的下跌行情的低位，或者是经过一波快速回落之后出现，说明盘中的做多力量在明显转强，这预示后市股价将会出现反转或者是反弹行情。其中的下影线越长，说明股价下档的支撑力度越强，后市反弹或反转力度就越大。

第二，当这种光头阳线出现在股价上涨的中途时，特别是出现在股价刚启动不久时，预示着股价有加速上涨的征兆。因为股价开盘之后虽然出现了一定幅度的回落，但回落之后受到了做多力量的反击，最终以当天的最高价格收盘，并且收出一根上涨的大阳线（上涨幅度要在5%以上），这说明当天的做多力量很坚定，一旦股价第二天继续走强的话。后市股价就很有可能进入加速上涨的行情。

第三，当股价经过大幅度上涨之后，特别是股价在高位进入加速上涨之后出现这种光头阳线时，投资者尤其要注意，这往往是主力出货而故意制造的障眼法，以便让投资者误认为下档的承接力度很强而纷纷入场来接盘。

很多投资者看见股价出现加速上涨就会认为后市还会起一波行情，但最关键的是，在出现加速上涨之前股价已经出现了几天的横盘整理，这样一来就更加会让投资者感觉到这段横盘整理是庄家在上涨过程中的一个洗盘过程，既然现在股价出现了向上拉升就肯定标志着庄家洗盘结束，而且股价必然会迎来一波上涨行情。投资者容易被庄家制造的这种陷阱所误导，从而导致做出错误的判断。

操盘金言

每天坚持复盘并简明扼要地记录白天盘面的情况，不仅能加强你的学习，同时也能让你真正发现每根K线背后的真实情况。如果只是在盘后看历史K线，那么一些日K线上的骗线也许会蒙蔽我们的眼睛。

带上下影线的阳线

收出带上下影线的阳线，说明股价在下跌的过程中受到了下档买盘的支撑，同时在上涨的过程中也受到了上档卖盘的压力。当股价上涨到一定幅度之后，受到了上档卖盘的抛压而回落，最终以低于当天的最高价收盘，但收盘价要高于当天的开盘价，从而形成了这种带上下影线的阳线。下影线越长，说明下档买盘越积极，支撑越强；而上影线越长，说明上档的抛售越严重，压力越大。

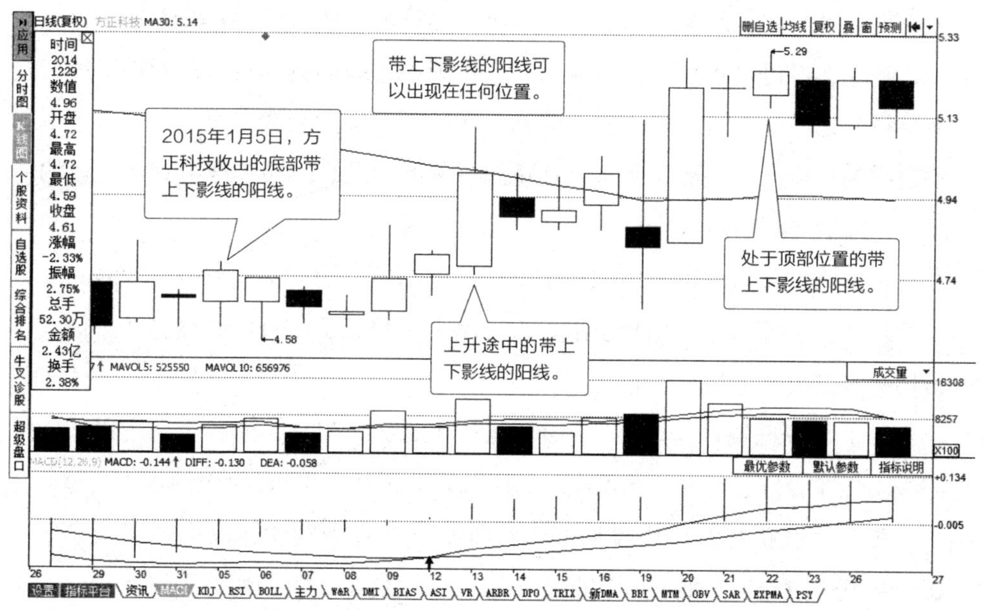

图2-4 带上下影线的阳线

从图2-4的K线图中可以看出，任何位置都可能出现带上下影线的阳线。从这种阳线的形成过程来看，不难看出股价在当天的运行中买卖双方的争夺比较激烈，当股价回探下跌到一定程度之后，买方就会积极出来买进，从而把股价拉起。同样，当股价上冲到一定程度之后，卖方也会出来反击，从而把股价压下来。但经过一天的争夺之后，买方依旧占据着上风，并且掌握着当天的主动权。

一般来说，根据实体与上下影线的长短不同，带上下影线的阳线可以分为以下三种情况：

第一，实体长于上下影线的阳线，说明多空双方进行了全面的接触，所以带有上下影线，阳线的实体较大，说明多方占据优势。一般来说，如果此阳线在上升趋势中出现，那么第二天后市稳步上攻继续收阳的概率就会很高。然而，如果此阳线出现在大幅扬升之后的高价区，伴随着巨量，次日开盘后若不能在最高价上影之上站稳，说明走势很有可能出现逆转。

第二，实体短于上影线、长于下影线的阳线，往往说明多方心有余而力不足，逢高的获利抛压盘较重，多方虽然略占上风，但卖方的力量正在增加，除非次日可以攻克上影的最高价，否则收阴线的概率较大；如果出现在大幅扬升之后的高价区，一般说明趋势逆转。如果此阳线出现在经过持续下跌之后的低价区，一般说明多方在试探空方的卖压，后市若能得到成交量的配合，股价将有逆转上升的可能。

第三，实体短于下影线，长于上影线的阳线，说明买卖双方交战激烈互不相让，股价探底之后稳步上涨，多方略占优势，后市行情继续看涨，但次日仍有接受卖方考验的可能。

以上是根据实体与影线长短不同来分析K线。另外，这种带上下影线的阳线出现在股价运行的不同阶段时，所代表的市场意义也是有所不同的。

第一，股价经过一段时期的下跌行情，并且下跌的速度出现了明显放缓，如果在这个时候收出一根带上下影的阳线的话，说明买方力量在增强，但同时卖方也没有完全放弃抵抗。这标志着后市股价有走强的可能，但具体的情况还需看买方力量能否在接下来的第二天里继续做多。如果第二天买方力量依然很坚挺的话，那么后市股价将很有可能出现反弹甚至是反转行情。

第二，当这种带上下影线的阳线出现在股价上涨的中途时，在一般情况下它的市场意义不会很大，而且不会改变股价原有的运行方式。但是，如果所留下来的上影线很长，那么这说明上档的压力很大，预示着后市股价即将会出现回落，甚至是引发一波调整行情。相反，如果所留下的下影线很长，说明下档的支撑力度很强，后市股价会继续上涨。

第三，如果这种带上下影线的阳线是出现在股价经过大幅度上涨的高位时就要引起注意，特别是在成交量放大的情况下，这说明买方的力量在减弱，上影线越长，上档的压力就越大。此时投资者要谨防庄家出货，一旦股价在第二天出现走弱就要考虑卖出。

第四，如果股价运行到重要的技术关口附近如60日均线、半年线、年线等处出现这种带上下影线的阳线的话，需要特别注意。在股价收出带上下影线阳线的当天，股价能够收在半年线之上，这说明当天买方意志很坚定，一鼓作气地把股价拉上去，当天就突破了半年线的阻力。所留下的上影线比较短，这表明卖盘的抛压不是很沉重，再加上第二天买方继续发力拉升股价。结合这些盘面特征就不难看出买方做多的信心很坚定，因此，后市股价出现了加速上涨的行情。相反，如果K线跌破重要指标线，也要十分注意。

操盘金言

在股价长期下跌的过程中，大阳线一次性突破多根均线往往是底部反转信号，会带动股价长期上涨的走势。股价在冲破了季均线系统以后，就在此处买入，以后再次下跌造成重大损失的可能性不大。

光头光脚阴线

光头光脚阴线，即不带上下影线的阴线，见图2-5。收出不带影线的阴线时，说明当天卖方占据主导地位，买方没有明显的抵抗，收出的阴线实体越长，说明后市股价下跌的可能性就越大。

股价在当天开盘之后就一路走低，截至收盘时股价收在当天的开盘价之下。当天的开盘就是当天的最高价，而收盘价就是当天的最低价，这样的K线就是不带影线的阴线。

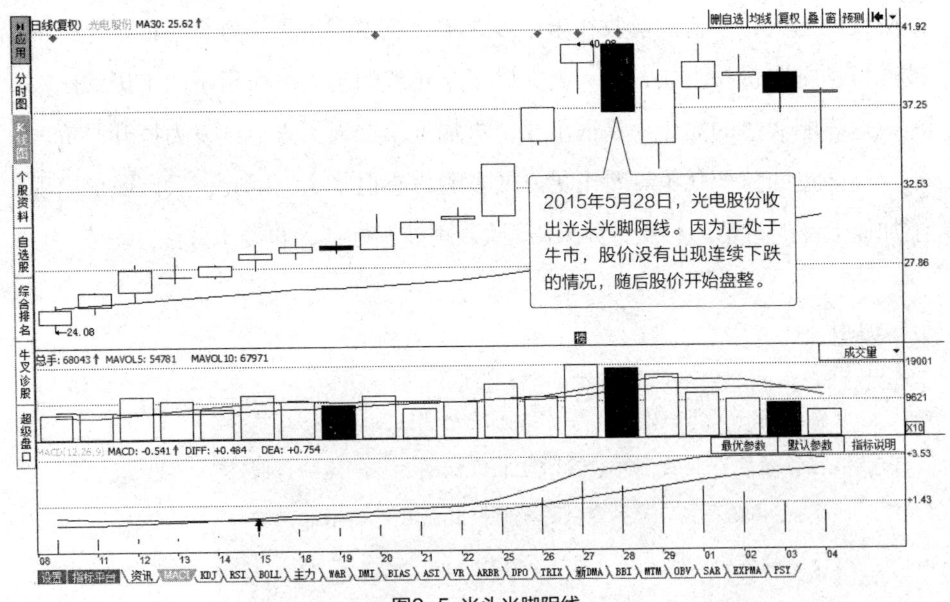

图2-5 光头光脚阴线

当股价在运行过程中出现这种不带影线的阴线，至少说明当天卖方力量很强，买方根本无力反击，从而导致股价以最低价格收盘。但也不是说出现这种走势形态之后，后市股价就一定会出现下跌行情，光头光脚阴线出现后有时也会带来上涨的行情，比如主力会利用这种走势来震仓吸筹，以方便后市的拉升。

由此可见，光头光脚阴线出现在股价运行的不同位置时，所代表的市场意义也是有差别的，具体的有以下几种情况。

第一，如果股价从高位快速下跌，然后出现反弹，在股价反弹到一定位置时，再次下跌的过程中，出现这种不带影线的阴线，那就代表在股价反弹之后，盘中的卖盘集中出现了抛出获利了结，并且此时股价已经处于高位了，因此后市股价就很有可能会出现一波下跌行情。

第二，如果这种不带影线的阴线出现在股价从高位区域刚开始下跌之时，就要引起投资者高度重视了，这往往是股价大跌的前兆。当某个个股的股价出现翻番甚至是翻几番之后，在高位出现横盘整理时，技术水平一般的投资者不要去碰它，当然也不排除庄家利用横盘整理来出货时股价还会有一个冲高的过程，但这不是普通的投资者能把握的，只有那些技术高手才能把握火候，否则盲目追涨只会导致投资者自己最终被深套其中。建议投资者没必要去冒这种风险。

第三，如果这种阴线出现在股价下跌的中途，那么后市股价往往会进入加速下跌的行情，所以投资者在碰见这类个股时要特别注意，不要一看见盘中有小反弹就盲目地去抢，这样往往会得不偿失。

总而言之，不要害怕光头光脚的大阴线。一旦大盘中出现没有上下影线的长阴线，投资者不应该立即放弃投资计划，而应该结合实际的情况进行具体的分析。

特别是在该股前期未有太大涨幅的情况下，主力试盘打压的可能性非常大。真正非常明显的光头光脚长阴线往往代表相反的含义，这需要投资者自己去寻找其中的漏洞。

操盘金言

在实际操作中，主力往往会借助光头光脚的长阴线进行洗盘，利用市场散户投资者的不稳定心态将浮动筹码吓出局。投资者可以利用量能判断该长阴线是否是主力在洗盘，再结合个股技术形态判断是否是短线买入机会，从而较好地寻找个股短线进出时机。

光脚阴线

光脚阴线，即只带上影线的阴线，见图2-6。当股价出现这种K线时，说明买方试图把股价拉起来，但最终还是遭到了卖方力量的打压而回落，买方无功而返。

光脚阴线说明股价在开盘之后出现了一个冲高的过程，并且突破了当天的开盘价，但股价冲高之后受到了上档卖盘的抛压而回落，并跌破当天的开盘价，之后继续向下运行，直至收盘时股价以低于当天的开盘价收盘，从而在股价冲高的过程中形成了当天的最高价，而收盘价就是当天的最低价。其中上影线越长说明上档卖盘的抛压越沉重，后市股价出现下跌的可能性就越大。

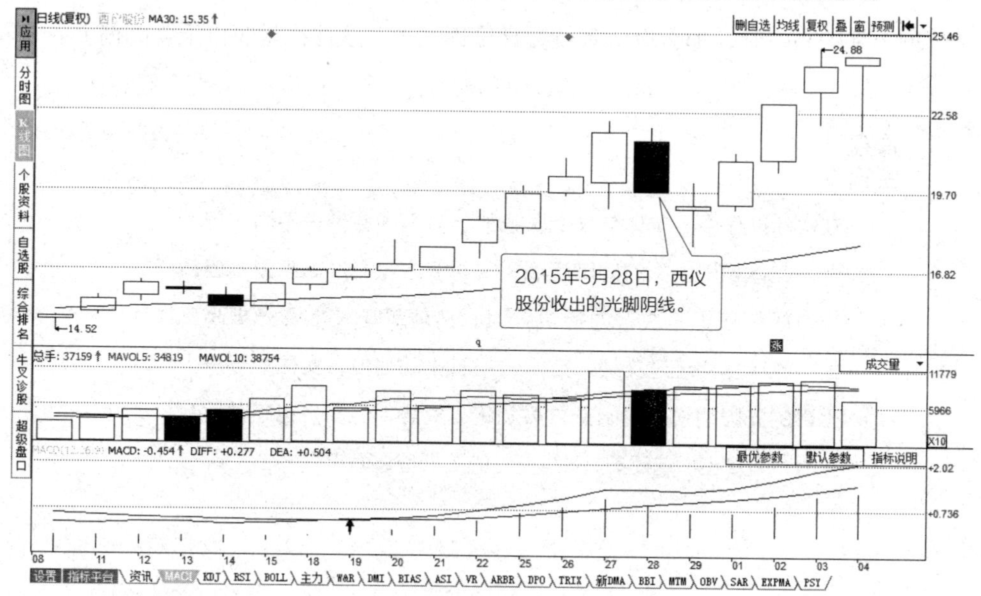

图2-6 光脚阴线

从这种K线的形成过程来分析，我们知道股价在运行的过程中受到了卖盘的抛压，才导致股价出现回落，最终以最低价收盘。虽然它是一种看跌形态，但这种带上影线的阴线出现在股价运行的不同位置时所代表的看跌程度有所不同，具体可以分为以下几种情况。

第一，出现在股价长期下跌的过程中，此时盘中虽然出现了一股做多力量将股价拉起，但买方力量最终还是没能坚持住，股价依旧被卖方打压下去。如果买方在第二天不能再次发起攻击，并收出阳线的话，股价将会继续下跌。

第二，当这种阴线出现在股价运行到重要均线压力附近时，此时所留下的上影线越长，说明上面的压力越大，后市出现回落的可能性就越大，当然，这是否会引发一波调整行情就要根据盘面的具体情况来定。

第三，当这种带上影线的阴线出现在股价上涨的中途时，一般是庄家洗盘所为，但也不排除股价上涨夭折的可能性，即使是庄家洗盘也很有可能会引发股价出现一定幅度的调整。还有一种情况，在股价上涨中途出现这种带上影线的阴线时，成交量也出现明显放大，但之后股价的运行方向并没有被改变。

第四，股价大幅上涨后的高位。当这种带上影线的阴线出现在股价经过大幅度上涨的高位时，那么投资者就要高度谨慎了，这往往是股价下跌的前兆。

操盘金言

在实际操作中，实体与长上影线的长短不同会带来不同的行情。实体长于上影的光脚阴线，说明多方虽有推高意图，但空方的打压更坚决，力量更强大；实体等于长上影光脚阴线，说明多空经过交战，空方占据着主动地位；实体短于长上影的光脚阴线，说明空方虽然略占优势，但多方也暗藏反扑的力量，当然这还要看K线所处的高低位置而定。

光头阴线

光头阴线，即只带下影线的阴线，见图2-7。当股价在运行的过程中出现这种K线，说明股价在下跌的途中受到了买盘的支撑，但这种支撑力相对来说是比较有限的。

股价在当天开盘之后就开始一路走低，但当股价下跌到一定程度时被下方的买盘拉起，股价在下跌的过程中创下了当天的最低点。截至收盘时，股价以高于当天最低价格且低于当天的开盘价收盘，当天的开盘价即是当天的最高价，从而形成了这种带下影线的阴线走势。

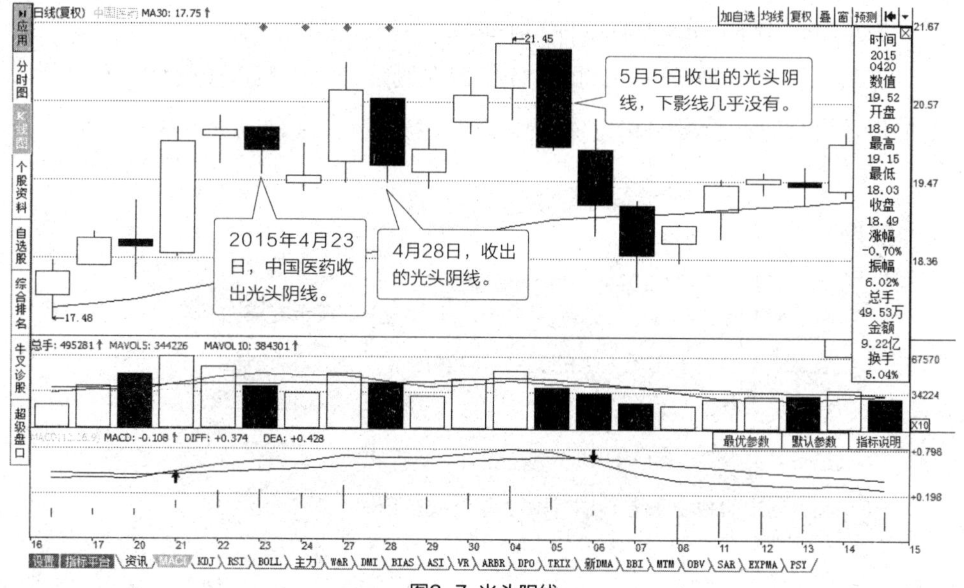

图2-7 光头阴线

从单根K线来看，股价开盘之后买方一直被卖方压制，虽然在股价运行的过程中买方也试图出来反击，但最终还是无法抵抗卖方的强烈打击。不过在股价下跌到一定程度时会吸引一些买盘，股价在这些买盘的推动下回升，最终股价没有以当天的最低价格收盘，这说明虽然买方的力量有限，但还是一直没有放弃抵抗，其中，该阴线收出的下影线越长，代表下档的买盘承接力度越强。

因此，光头阴线出现在股价不同位置时，所代表的市场意义是有所不同的，投资者不能一味地看到股价收出一根带下影线的阴线就认为股价一定会下跌。

第一，股价开始下跌时。当这种阴线出现在股价下跌的中途时，如果第二天股价不能够明显出现走强的话，那么股价继续下跌的可能性相当大。

第二，当这种阴线出现在股价经过长期下跌的低位时，如果股价在接下来的一两天里能够企稳回升的话，那就很有可能会迎来一波反弹甚至是反转行情。

第三，如果这种带下影线的阴线出现在股价上涨的中途，那么大多数情况下是庄家洗盘所为，当然也不排除是庄家因突发的利空消息提前出货而导致的。

第四，如果这种带下影线的阴线出现在股价运行到重要的技术压力位置，一旦股价在接下来的一两天里不能走强，并且跌破10日均线的支撑的话，后市股价出现回落的可能性就相当大。

第五，如果这种带下影线的阴线出现在股价经过大幅度上涨的高位或者是阶段性高位时，就要引起投资者高度的注意，这往往是股价下跌的前兆。

操盘金言

通常来讲，上影线长，表示阻力大；下影线长，表示支撑力度大。不过由于市场内大的资金可以调控个股价位，影线经常被大资金用做骗线，所以常常造成上影线长的个股并不一定有多大抛压，而下影线长的个股并不一定有多大支撑，因此看到个股拉出长上影线就抛出并不一定正确。

带上下影线的阴线

当股价上冲到一定程度时，卖盘涌出，股价在卖盘的打压之下而回落，形成了当天的一个高点，留下一根上影线；当股价下跌到一定程度时，买盘就会不断地涌出并且封住股价的下跌空间，股价在这些买盘的推动下，就会出现逐步回升，这样就会留下一根下影线。

这就是带上下影线的阴线的形成过程，其中收盘价低于开盘价，而开盘价格低于当天的最高价，收盘价高于当天的最低价（图2-8）。

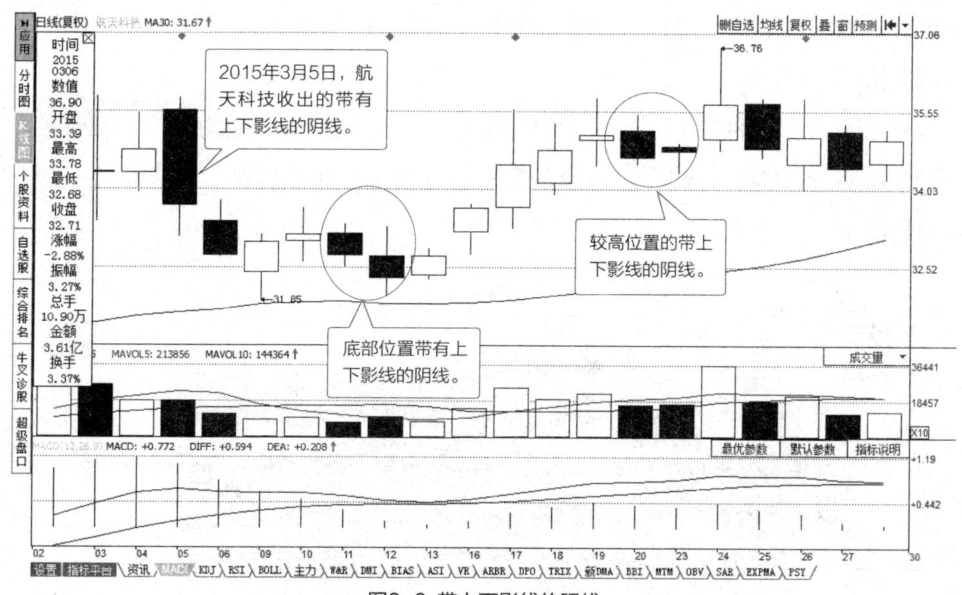

图2-8 带上下影线的阴线

在这种阴线中，上影线和下影线的长短代表着买卖双方在当天的争夺程度，其中，上影线越长代表着买卖双方在股价冲高的过程中争夺得越激烈，同时也标志着卖方力量越强大。相反，要是下影线越长就代表买卖双方在股价出现回落的过程中争夺得越激烈，同时也标志着买方的力量越强大。

对于这种阴线，如果我们仅仅从形成过程来看，它代表的市场意义就是当天多空双方出现了比较激烈的争夺，在收盘时卖方占据了主导地位，如果第二天买方不能起来反攻的话，那么股价势必会出现下跌的局面。这种阴线出现在股价运行的不同位置时，所预示的市场意义也有所不同。

第一，当这种阴线出现在股价经过长期下跌的低位时，标志着买盘在逐渐地转强，预示着后市股价很有可能会出现止跌反弹甚至是反转行情。

第二，如果这种带上下影线的阴线出现在股价运行到重要的技术压力位置附近，那么后市股价的走势要看当天出现这根阴线时的成交量以及第二天股价的走势情况。

第三，当这种带上下影线的阴线出现在股价上涨的中途时一般是庄家洗盘所导致的，通常不会改变股价原有的运行趋势，当然也不排除会有个别的例外情况出现。

第四，当这种带上下影线的阴线出现在股价大幅度上涨的高位区域时就标志着买盘在明显转弱，后市股价很有可能会出现下跌行情，特别是在放量的情况下。

操盘金言

对于低价位的K线，一般越是跳水、越是别人不敢买，就要越大胆买入。为何这么大胆，其实很简单，因为心中对自己长期关注股票的价值很明确，只有自己能够知道自己的股票到底值多少钱，才不会被上下波动的K线所迷惑。

十字线

股价开盘之后在买卖双方的争夺之下不断地出现震荡，当股价向上运行到一定程度时，卖盘就会不断地涌出，把股价打压下去，从而形成了当天的最高价。同样当股价向下运行到一定程度时，买盘也会不断地涌出，把股价拉起，从而形成了当天的最低价。当股价经过一天的运行之后，截至收盘时股价以当天的开盘价收盘结束了一天的行情，也就是说当天的开盘价格和收盘价格相等，这种K线就是“十字线”（图2-9）。

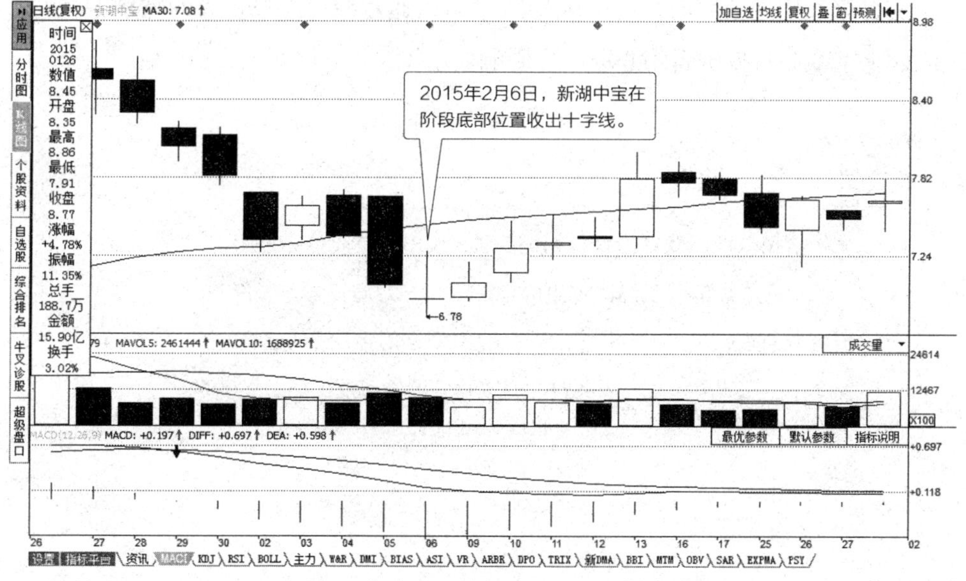

图2-9 十字线

当个股在运行的过程中出现十字线时，标志着股价从开盘起，买卖双方经过一天的争夺后最终打了个平手，但要是收出的上影线较长的话，说明在争夺的过程中卖方的力度比较大，后市股价出现回落的可能性就比较大一些；同样，当收出的下影线较长时，说明在争夺的过程中买方的力度比较大，后市股价出现上涨的可能性就比较大一些。

十字线出现在股价运行的不同位置时所代表的市场意义也是有所不同的。

第一，当十字线出现在股价经过长期下跌之后的低位时，该十字线标志着卖盘出现了减弱，后市股价企稳反弹或者是反转的可能性比较大。

第二，当十字线出现在股价上涨中途时，股价一般不会改变原有的运行方式，只是标志着股价上涨途中的一个停顿而已，但也不排除股价会出现一定幅度的回落。另外，盘整过程中也经常连续出现十字线。

第三，当股价经过长时期大幅度上涨在高位区域出现十字线的话，预示着后市股价出现下跌的可能性极大。特别是高位放量的情况下出现的十字线很可能是墓碑十字线。墓碑十字线也称为“灵位十字”，说明市场在一段向上反弹之后出现十字时具有很强的威慑力，通常会引起投资者的特别关注，因此十字线会对投资者的心理产生影响。

操盘金言

十字线可视为反转信号，如果此种K线出现在股价高档时且次日收盘价低于当日收盘价，说明卖方力道较强，股价可能回跌；如果此种K线出现在股价低档时且次日收盘价高于当日收盘价，说明买方力道较强，股价可能上扬。

T字线

是股价在开盘后出现急速下跌的走势。当下跌到一定程度之后，股价又被快速拉起，最终也是以开盘价收盘的。也就是说当天的开盘价、收盘价、最高价都相等，这种走势形态的K线就称为“T字线”（图2-10）。

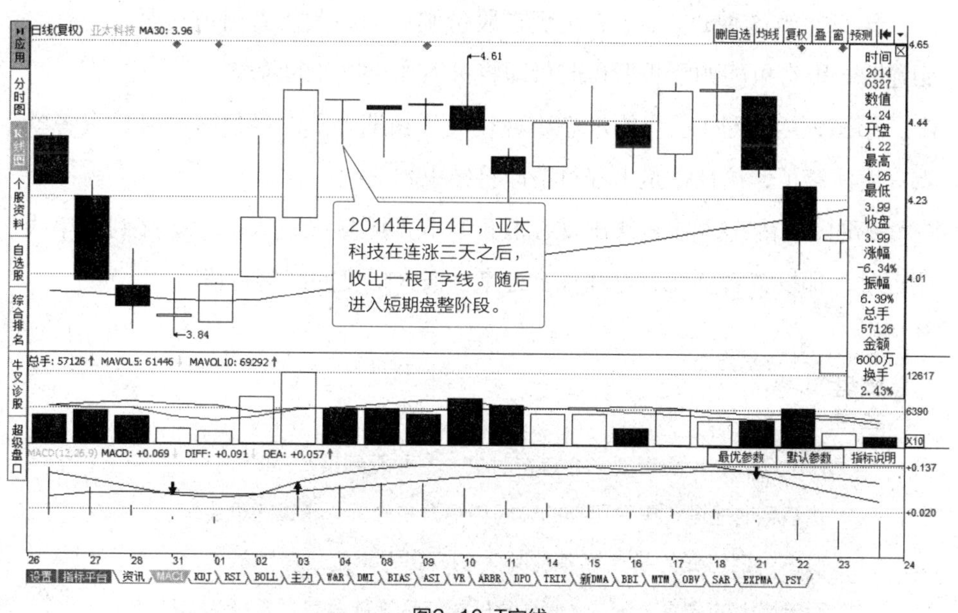

图2-10 T字线

从这种形态的形成过程来看，说明股价在开盘之后卖方力量占据了主导地位，股价一直在卖方的压制下呈现出下跌的走势。但在股价下跌到一定程度之后，买方就出来抵抗并且夺回了主导权，在买盘的不断涌入下，股价出现了回升。

仅从当天的股价走势来看，虽然截至在收盘时买卖双方打了个平手，但卖方在股价最后的走势中放弃了打压。因此从整体上来看，还是买方稍占优势，要是买方能够继续做多的话，那么后市股价出现上涨的可能性就比较大。其中，T字线所留下的下影线越长说明下档的买方越强，后市股价出现走强的可能性就越大。当这种T字线形态出现在股价运行的不同位置时，所代表的市场意义也会有所不同。

第一，当这种T字线的形态出现在股价经过长期下跌的低位时，那么标志着买方的力量在逐步地转强，与此同时卖方的力量却在不断地衰退，这预示着后市股价出现反弹，甚至是走出一波上涨行情的可能性相当大。

第二，当这种T字线形态出现在股价刚启动不久或者出现在股价上涨的中途时，很有可能预示着后市股价即将进入加速拉升的阶段。

第三，当这种T字线的形态出现在股价长期上涨的高位区域时投资者就要高度注意了，这往往是上涨行情即将结束的前兆。

第四，如果这种T字线出现在股价从底部区域经过大幅度上涨到半年线附近时，那投资者要注意这往往会迎来一波大幅度的回落行情。

操盘金言

在市场中，投资者要学会等待时机，不要看到某个K线组合就着急地抢进，需要足够的时间和精力去分析。赚钱的机会很多，但亏钱的机会却不能有太多，因为本金是有限的，而市场上的钱是无限的。K线分析要结合量能等其他指标来看，不要着急，学会等待时机。

倒T字线

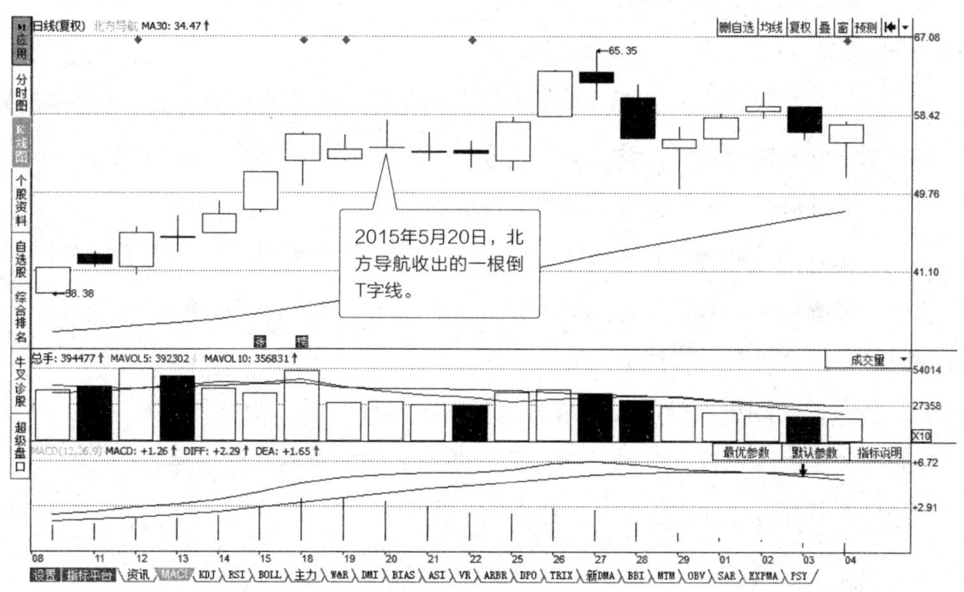

图2-11 倒T字线

股价在开盘后的上冲过程中创出了当天的最高价，而当天的开盘价、收盘价以及最低价都相等，这种走势形态的K线就称之为“倒T字线”（图2-11）。其中所留下来的上影线越长，说明当天上档的抛压越沉重，也说明当天股价在上冲的过程中卖盘越活跃。

值得注意的是，当出现这种形态时，股价当天的开盘价可以高于前一天的收盘价，也可以低于或等于前一天的收盘价格，只要满足开盘价和收盘价及最低价都相等，并且当天的最高价高于收盘价就可以认为是倒T字线形成。

从倒T字线的形成过程来看，说明股价在当天的运行中卖方占据了上风，如果第二天买方不能起来反击的话，那么后市股价出现下跌的可能性很大。但是倒T字线出现在股价运行的不同位置时所代表的市场意义也有所不同。

第一，当这种倒T字线出现在股价经过长期下跌的低位区域时，则标志着买方力量明显在转强，虽然在出现这种形态当天，股价在上冲的过程中受到了阻力而回落。但这至少反映了卖盘在逐步地转弱，如果在接下来的几天里股价能够继续走强的话，那么后市股价将会迎来上涨行情，至少也会出现反弹行情。

第二，当这种倒T字线出现在股价上涨中途，或者在股价从底部刚启动的时候，则表示股价在上档遇到了一定的阻力，但一般不会改变股价的上涨趋势，这种情况经常是庄家洗盘的一种手法而已。

第三，当这种倒T字线出现在年线或者半年线附近时，则标志着上档出现了大量的抛盘，如果买方力量无法增强的话，那么后市股价很有可能会出现回落，甚至是下跌的行情。

第四，长期上涨后的高位或急涨后的阶段性高位。当这种倒T字线出现在股价长期上涨的高位区域或者在股价快速大幅度上涨的阶段性高位时，要引起投资者高度的注意，这往往是庄家出货的征兆。

操盘金言

在操盘过程中一定要遵守操作纪律，不能违背自己定下的纪律，否则后果很严重。如果你决定进行长期投资，就要遵守长期投资的纪律。不要一会儿玩短线，一会儿又玩长线，没有严格的纪律管控自己，很容易造成严重亏损。

一字线

这是一种特殊的K线形态，也是我们经常会碰见的一种形态，同时也是股价出现极端走势的结果，它有着特殊的市场含义。出现这种走势形态的情况有两种：一种是跌停一字线，一种是涨停一字线。跌停一字线与涨停一字线是一样的形状，只是颜色不一样。

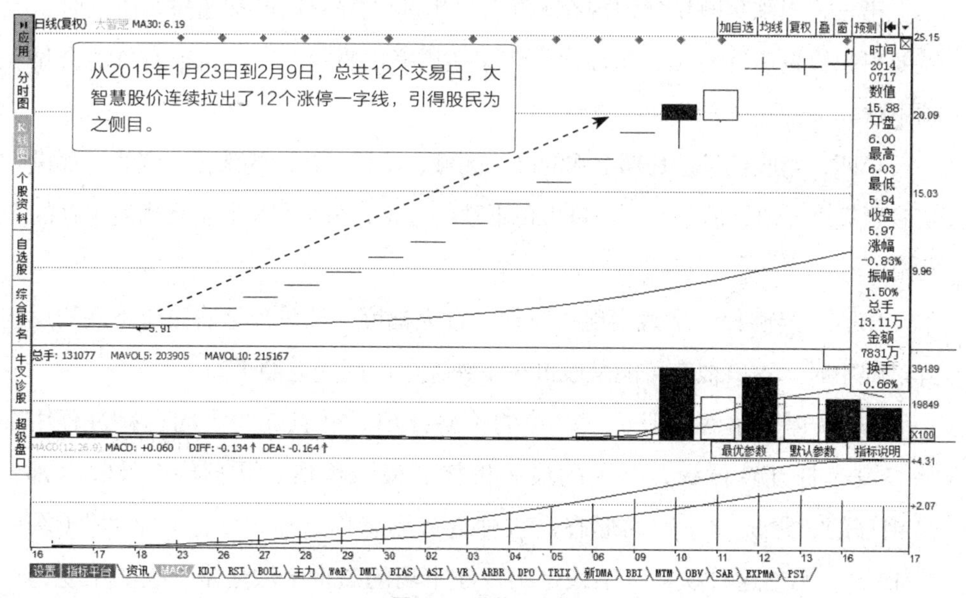

图2-12 涨停一字线

1. 涨停一字线。当股价以涨停板的形式开盘，并且在开盘之后股价一直被封住在涨停板上，截至收盘时都没有打开。当天的最高价格、最低价格、收盘价及开盘价都是相等的，形成“一”字的形状，这种走势形态称之为“涨停一字线”（图2-12）。

从2015年1月23日到2月9日，大智慧（601519）从横盘底部开始，连续拉出12个涨停一字线，后市看涨。一般来说，涨停一字线具有看涨的市场功能。不过，具体问题还需要具体分析，处于不同位置的涨停一字线其市场功能还是有所不同的。

第一，当涨停一字线出现在股价经过长期下跌之后，并且在低位区域经过了充分的蓄势整理，这预示后市股价即将进入拉升阶段。

第二，当涨停一字线出现在股价刚启动不久或者在上涨中途的时候，则标志着股价即将出现加速上涨的行情。

第三，当涨停一字线出现在股价经过长期上涨之后的加速拉升阶段时，就要引起投资者注意了，这往往是庄家在诱多出货，后市股价很有可能会见顶下跌。

第四，当股价经过长期上涨的高位区域，出现了连续的涨停一字线，那投资者要高度谨慎，后市股价一旦出现下跌的迹象，就会引发股价大幅度下跌的行情。

第五，当涨停一字线出现在股价经过大幅度上涨见顶之后快速下跌的反弹过程中时，这就很有可能是股价在下跌途中的回光返照了。

2. 跌停一字线。股价以跌停的价格开出，并且在当天的运行过程中始终没有打开跌停板，当天的最高价格、最低价格、开盘价以及收盘都是相等的，形成“一”的形态，这种走势形态称之为“跌停一字线”（图2-13）。无论这种跌停一字线是出现在市场的高位区域还是下跌的中途，都是一种看跌的信号。

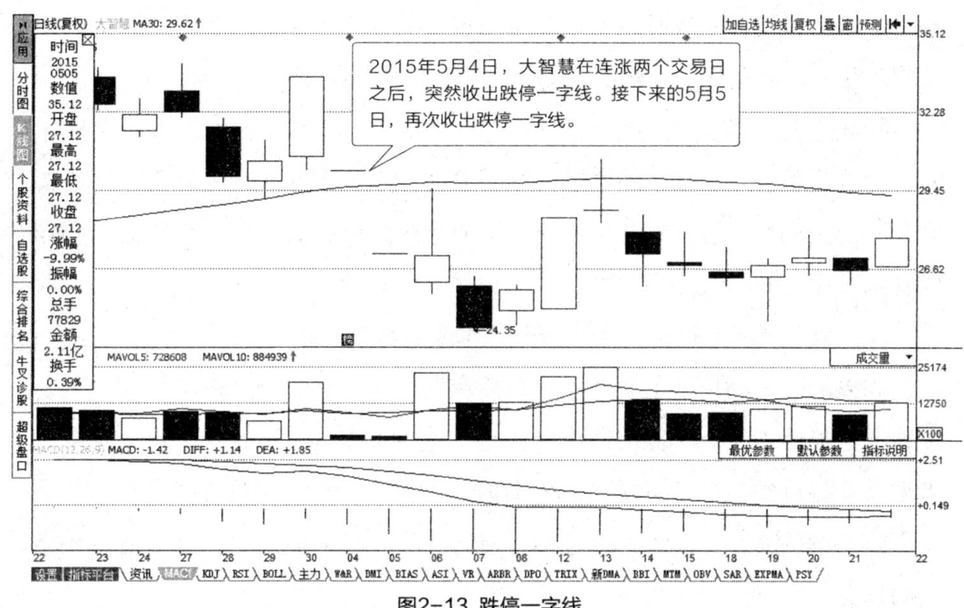

图2-13 跌停一字线

对于跌停一字线的市场意义，投资者需要注意下面这些情况：

第一，在出现这种跌停一字线之前，股价已经经历过了长时期下跌的走势，并且下跌幅度也相当大，这说明盘中的做空力量已经被大幅度地释放出来了。

第二，在这之前股价出现了一个反弹冲击半年线的动作，在冲击受到阻力后开始破位下跌，并出现了这种连续跌停的一字线形态，这表明在股价运行到半年线附近时出现了大量的前期套牢盘。

第三，在连续出现跌停一字线的过程中，成交量呈现出极度萎缩的状态，这就表明盘中的恐慌性抛售筹码很小，否则在这个过程中成交量必将放大。

第四，出现连续三天的跌停一字线后的第四天股价开始出现反弹，并且在接下来的几天里股价反弹的力度越来越大，并且成交量也呈现出不断放大的现象。这种情况是庄家建仓之后故意打压股价所导致，庄家在前面股价下跌的过程就逐步地对其进行建仓。当庄家建仓基本完成后就会打压股价，试探一下盘中持股者的持股心态。此时出现这种跌停一字线的情况称之为“最后的狂跌”，但在这个过程中成交量不能出现放量的现象。

除此之外，盘面上还必须具备这样的条件：在出现这种跌停一字线之前，股价必须经过长期下跌的过程，下跌时间至少要在一个月以上，下跌幅度至少要在60%以上；在出现这种跌停一字线之前，股价有一个横盘的动作或者是试探性的向上冲高的动作；出现第一根跌停一字线之前的几天里，股价出现过放量下跌的过程，在这个过程中成交量越大越好。

如果能同时满足以上条件，一旦后市股价企稳后，出现快速反弹甚至是反转的可能性相当大。但值得注意的是，这种类型的个股并不常见，希望读者朋友在碰见类似于这种类型的个股时一定要仔细分析股价在出现跌停一字线之前的运行动态，投资者对这种类型的个股一旦出现误判，就会造成相当大的损失。

因此，对于技术功底不是很扎实的投资者来说，建议少碰这种连续出现跌停一字线的个股，虽然在股价出现快速反弹时会有很大的利润，但是一旦出现误判，股价出现继续下跌的话，该股股价就很可能会连续出现跌停，所以在考虑收益的同时也要衡量一下风险。

在市场上，我们能经常看到的跌停一字线形态基本上就是上述讲到的这些，希望读者朋友能够掌握出现这种形态时盘面的各种特征。尽量少去抢反弹，除非短线技术功底特别强，否则没必要去冒这样的风险。

操盘金言

主力利用股民们迷信技术分析数据、图表的心理，故意抬拉、打压股指，致使技术图表形成一定线型，引诱股民大量买进或卖出，从而达到他们大发其财的目的。这种欺骗性造成的技术图表线型就是骗线。

锤头线（上吊线）

锤头线是一种常见的形态，标准的锤头线是一根带有很长下影线、没有上影线的光头K线，通常它的下影线部分的长度是实体部分的三倍以上，变异形态的锤头线可以有短小的下影线。

锤头线有阴阳之分，但它们的市场意义是相同的。在股价低位时其有看涨的市场功能，我们称它为“夯实地基的锤头线”；在股价高位时其有看跌的市场功能，我们称它为“上吊线”。

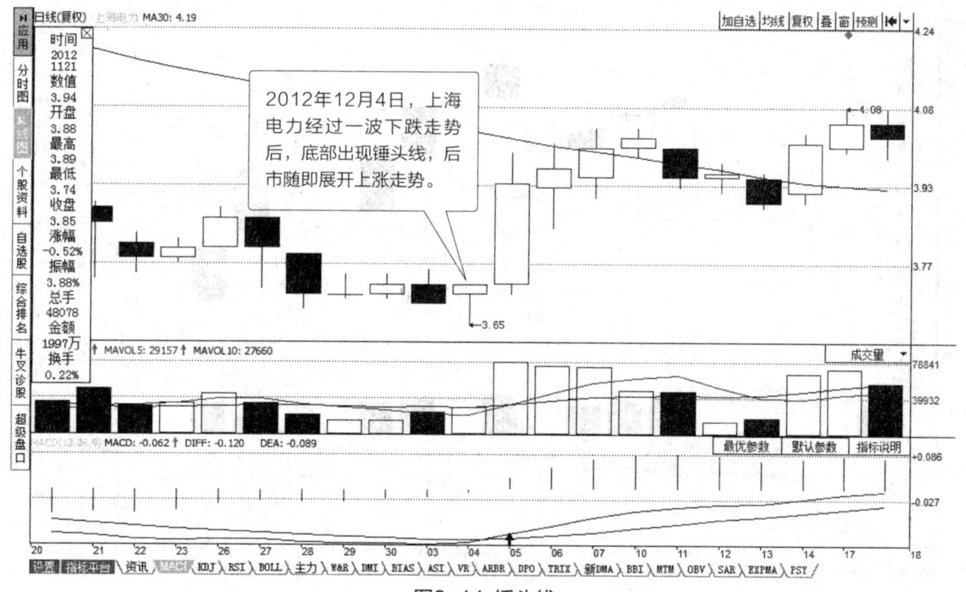

图2-14 锤头线

1. 底部位置的锤头线。当股价经过一波较大的下跌趋势之后，在底部出现锤头线，表明市场上涨动能已经开始积聚，接下来有可能出现一波上涨走势。投资者面对该K线形态时要密切关注后市，当股价越过锤头线实体时，就可以短线买入。

您可以看到锤头线出现在一段下降趋势的底部。这个名字既简练又富有深意，夯实地基的锤头线意味着市场正在用锤子猛砸底部，夯实上涨的基础。如图2-14所示，2012年12月4日，上海电力（600021）在经过一波下跌走势后在底部出现锤头线，表明上涨动能即将启动。12月5日，股价大幅上涨，买点出现。

2. 顶部位置的上吊线。当股价经过一段上升趋势，价格快要冲向一个前期新高的节骨眼上出现上吊线要特别注意。由于上吊线长长的下影线具有看涨意味，所以，通常要等到随后的K线彻底地收盘在上吊线的实体之下，才能真正构成反转。

上吊线一出现，投资者就要提高警惕，一旦后市股价下跌，就要注意短线卖出，以免被套。

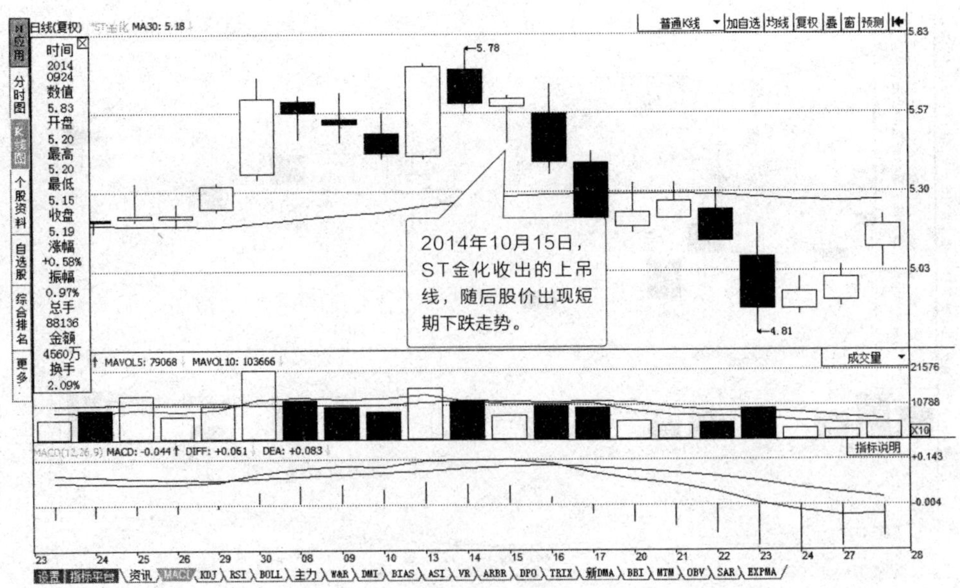

图2-15 上吊线

如图2-15所示，2014年10月25日，ST金化（600722）经过一波上涨走势后在高位出现上吊线，表明下跌动能较强。第二天，股价形成一根大阴线，投资者要注意及时卖出持股。

上吊线在走势图中极为常见，多与其他K线一起，构成K线看跌组合。

操盘金言

锤头线或上吊线出现极长下影线时，说明买方支撑力强。因此，如果此种K线出现在股价下跌趋势末期时，再配合大成交量，说明股价可能反弹回升；如果此种K线出现在股价上涨趋势末期或高档盘整期时，再配合大成交量，说明主力大户可能盘中出货。如果后市遇到反弹，应该把握卖出时机。

倒锤头线（射击之星）

锤头线颠倒过来，成为倒锤头线。倒锤头线是一种比较常见的形态，标准的倒锤头线是一根带有很长上影线、而没有下影线的光脚K线，上影线的长度通常超过其实体长度的三倍，变异的倒锤头线可以带有短小的下影线。

倒锤头线有阴阳之分，不过它们的市场功能相差不大。处于底部、带动上涨的倒锤头线，我们称它为“射击之星”，而处于顶部、带动下跌的倒锤头线，我们称它为“划过天际的流星”。

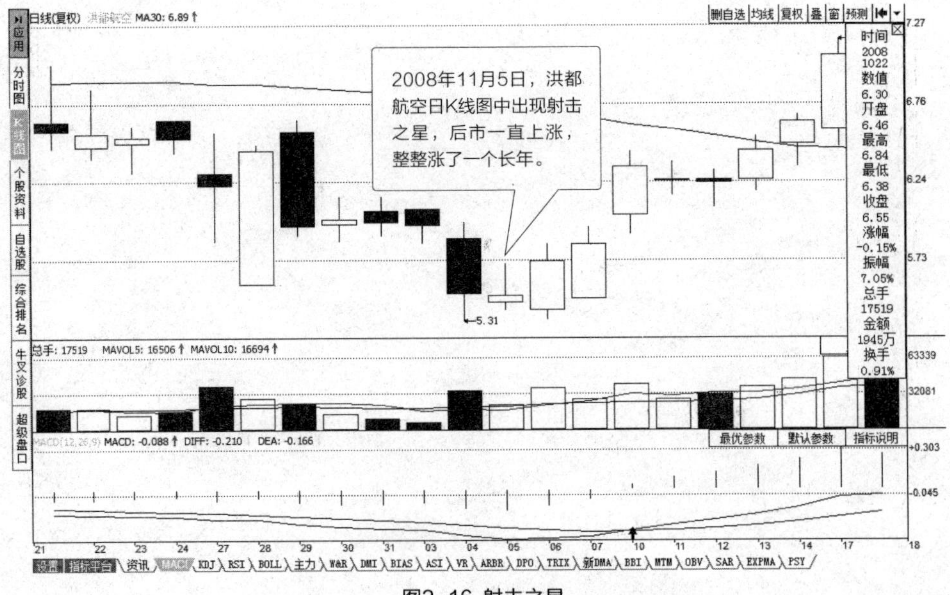

图2-16 射击之星

1．底部位置的射击之星。当股价经过一波大跌之后，在底部出现倒锤头线地就是射击之星，表明上涨力量已经积聚，接下来可能出现一波上涨趋势。一般而言，射击之星的上影线很长，实体部分很短。当实体部分消失时，射击之星就变成了倒T字线。因此，倒T字线在很大程度上和射击之星的意义是相同的。

如图2-16所示，2008年11月25日，洪都航空（600316）日K线图中出现射击之星，后市一直上涨，整整涨了一个长年。

在实际操作中，投资者需要注意：射击之星出现在下降趋势之后，则构成一个看涨的K线图形状。射击之星能否引起趋势反转，第二天的开盘是判断的重要准则。如果第二天的开盘高于射击之星的实体，则反转概率较大。

低价区的射击之星通常被认为是一种强势K线，是股价见底的较强烈信号。如果射击之星的下影线下穿原有的低位线，则见底信号更加可靠。

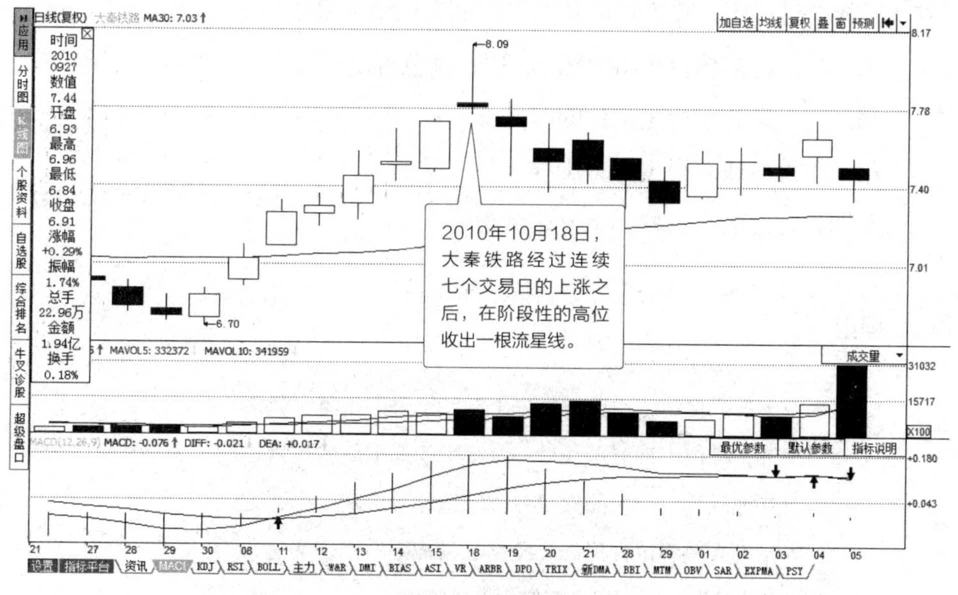

图2-17 高位流星

2．顶部位置的流星。当股价经过一波上涨之后，在高位出现倒锤头线，往往就是流星。日本技术分析师认为，流星线显示“上空的麻烦”。由于流星线看跌的上影线很长，其本身构成看跌，所以我们不一定要像对待上吊线一样，非要等待确认的看跌信号。

如图2-17所示，流星线是一个下跌的反转信号，其本身必须出现在一段反弹回升的行情之后。流星线形态的实体可以是白色，也可以是黑色。

流星线告诉我们，市场处在一段上升的趋势之中，并可能逐渐步入超买状态。直到最后，买方拒绝继续出手。

当K线图开盘在当日最低价或者最低价附近，流星形态就形成了。买方价格不断上攻，但是买方并不能持续性地保持强劲的购买需求，卖方开始发力，驱使价格回落。

请您记住，任何K线图形态上的长长上影线都预示着卖出的巨大压力。在实际操盘过程中，我们可以从四个方面来识别流星线：

第一，它的实体位于K线图的底端，颜色可以是白色，也可以是黑色。

第二，上影线至少是实体的两倍长。

第三，没有或有很少的下影线。

第四，之前的市场处于上升趋势里。

操盘金言

高位出现流星线，也会成为主力制造陷阱的工具。通常情况下，高位出现流星线像一个小型的岛形反转，其趋势改变很明显，一般的投资者都知道趁早逃跑。也许正因为市场太熟悉这种形态，反倒经常被主力用来洗盘，制造诱空陷阱，逼迫投资者交出廉价筹码。

关键性双K线组合精要解析

研究K线的目的是通过观察多空势力强弱盛衰的变化，感受双方势的转化，顺势而为，寻找并参与蓄势待发的底部，抱牢大势所趋的上涨股票，规避强弩之末的顶部风险。无论是单一K线还是K线组合，投资者都应该在充分了解的基础上善加应用。任何时候，投资者都应该打“有准备之战”。

乌云盖顶组合

当股价经过一波上涨行情之后运行到高位区域时，收出一根上涨的大阳线。紧接着第二天股价出现大幅度高开，但是在开盘之后出现了大量的卖盘，而此时买盘却不是很积极。因此，在卖盘不断涌出的情况下股价开始一路走低，截至收盘时，股价收在前一天的收盘价以下，收出一报大阴线的形态，这种走势形态我们称之为“乌云盖顶”（图3-1）。

标准的乌云盖顶，前面收出的那根大阳线是不带上下影线的，也就是说，当天的开盘价就是当天的最低价，而当天的收盘价就是当天的最高价。而在第二天收出的大阴线也是不带上下影线的，当天的开盘价就是当天的最高价，而当天的收盘价就是当天的最低价。

图3-1 乌云盖顶

变异的乌云盖顶，前面收出的大阳线可以稍微带有上下影线，后面收出的大阴线也可以稍微带有上下影线，而且收出大阴线时的收盘价可以收在前一天的大阳线之上。通常情况下，变异的乌云盖顶与标准的乌云盖顶具有同样的市场意义，当然，变异的乌云盖顶形态对市场的预测信号没有标准的乌云盖顶那么强烈。

有些投资者会问，如果前一天出现的是一根开盘就涨停的一字线，第二天出现了一个长长的大阴线，那么是不是乌云盖顶？当然是，这是一种特殊的乌云盖顶形态，同样预示后市股价将会出现下跌的行情。

出现乌云盖顶，买方已经明显失去了主动权，买方力量逐步衰退，同时卖方的力量在逐步地增强，该形态表示后市股价即将出现下跌的行情。要是其出现在股价长期上涨的高位区域，这往往是庄家出货的前兆，后市股价必将会出现大幅度下跌的行情。如果是出现在股价阶段性反弹的高点时，则预示着反弹动力出现了萎缩，后市股价至少会出现回落，甚至会引发新一轮的下跌行情。投资者要注意卖出。

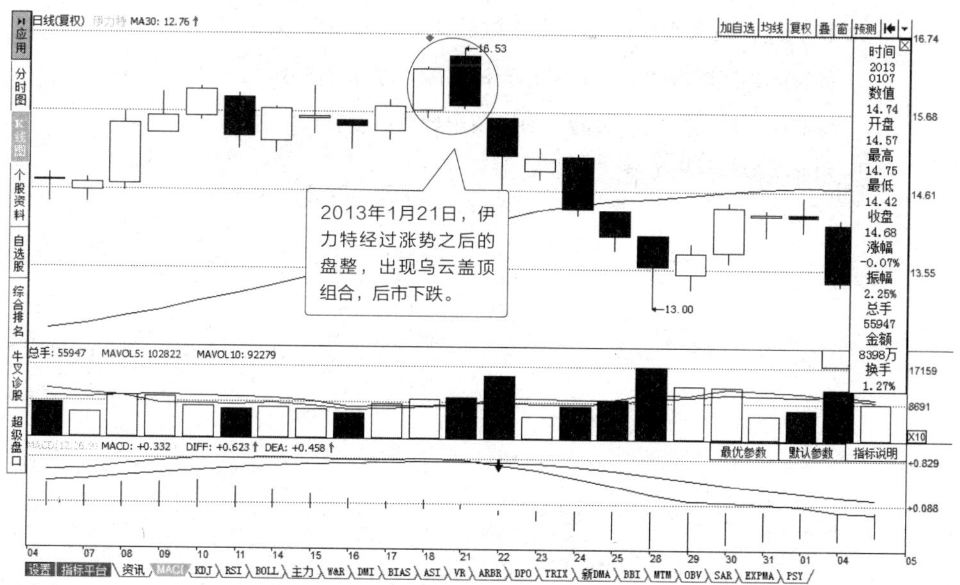

图3-2 乌云盖顶K线图

如图3-2所示，2013年1月21日，伊力特（600197）在经过一波上涨走势之后出现乌云盖顶形态，表明下跌动能占据优势。1月22日，股价继续大幅下跌，出现一根阴线，这时投资者要注意及时卖出。之后股价很快跌破30日均线。

有些个股会在快速反弹的过程中出现这种乌云盖顶形态的走势，出现这种现象时后市股价也会出现快速下跌的行情，至少会出现一波回落的行情。短线投资高手可以先卖出，长期投资者则可以参考均线来看。

投资者需要注意的是，在实战中，阴线实体深入阳线实体部分越多，转势信号就越强烈。当阴线完全跌破阳线实体时，就转化为“阴抱阳组合”，阴抱阳组合的看跌意义强于乌云盖顶。

操盘金言

我们应跟随大势做股票，在下跌趋势中尽量不要抢反弹，因为风险极大，而收益却无法保障。除非你的技术很高明，能够控制好风险，快进快出地去抢反弹，才有可能获得一定的收益。

旭日东升组合

当股价经过一波下跌行情之后运行到低位区域时，收出一根下跌的大阴线。紧接着第二天股价出现大幅度高开，开盘之后出现了大量的买盘，而此时卖盘却不是很积极。因此，在买盘不断涌出的情况下股价开始一路走高，截至收盘时股价收在前一天的开盘价以上，收出一根大阳线的形态，这种走势形态称之为“旭日东升”（图3-3）。

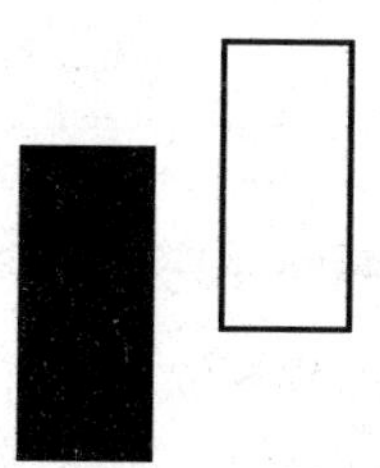

图3-3 旭日东升

旭日东升通常出现在下降趋势的末端。这种走势寓意前景光明，后市看好，因此取名为旭日东升。该形态与看涨抱线有些类似，差别在于第二天大阳线开盘价的位置不同。

仅从K线组合来看，市场处于下降趋势中，一根大阴线再度强化了卖方市场的气氛。第二天买方奋起反抗，形成高开盘，取得了一个良好的开局，之后买方力量进一步发展壮大，致使股价一路走高，并收复了前一交易日失去的所有跌幅。该形态反映了卖方动能逐渐衰竭后，买方强势出击并最终战胜卖方的过程。

如图3-4所示，2012年12月5日，广东榕泰（600589）在经过一波下跌之后在30日均线下方出现旭日东升形态。这是比较明显的短线见底信号，此时投资者可以积极买入。之后该股持续上涨，顺利突破30日均线。

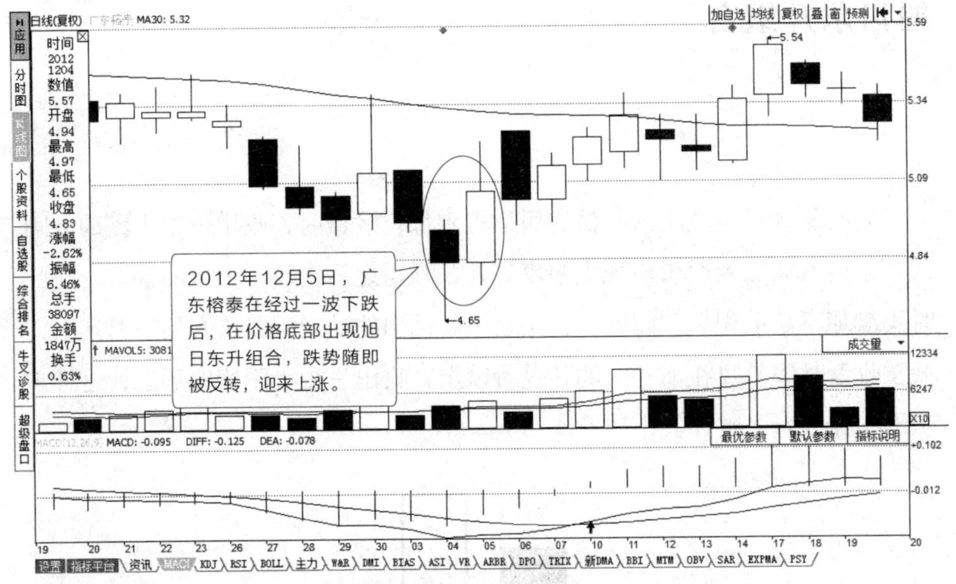

图3-4 旭日东升K线图

第二天的阳线实体越长，即收盘价超越前一天阴线的开盘价越多，市场反转的潜力越大；如果第二天阳线对应的成交量有效放大，则该形态反转的可靠性更强。

操盘金言

小幅度、缓缓下降的震荡走势是投资者的操作陷阱。一旦买入，获益极小，但是很容易触及止损位置，因此不管是中长线操作还是短线操作，这种陷阱走势都要极力避免，应平心静气，等待更好的时机。

抱线组合

抱线组合是常见的一种K线组合形态。抱线组合出现在不同市场位置时有着不同的市场意义，它往往是股价运行趋势的一个很重要的转折信号。因此，投资者对这种形态也要能够掌握。

1. 阴抱阳组合出现在上涨趋势中，由两根K线组成（图3-5）。第一根K线是实体较小的阳线，第二根K线是实体较长的阴线，且这根阴线的实体将前一根阳线的实体从上到下全部包含。

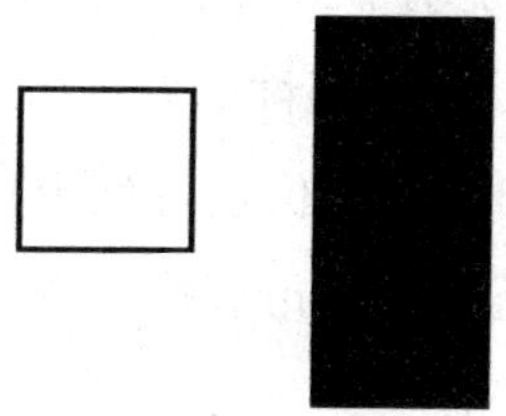

图3-5 阴抱阳组合

阴抱阳组合是强烈的看跌信号。该形态中阴线实体完全吞没了阳线实体，说明下跌动能已经完全占据优势，股价接下来有较大可能出现一波跌势。投资者要注意把握该卖出机会。

如图3-6所示，2013年2月19日，一汽富维（600742）在上涨趋势中出现阴抱阳组合，表明股价即将下跌，投资者要注意把握该卖点。之后该股开始不断下跌，并于3月4日跌破30日均线。

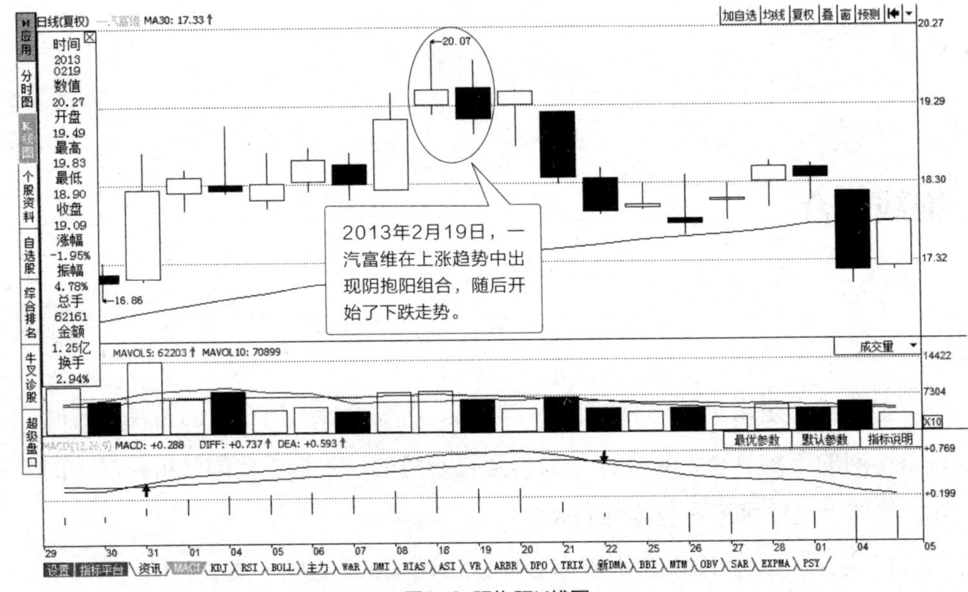

图3-6 阴抱阳K线图

在股价运行的过程中出现阴抱阳组合，则表明卖方的力量要明显强于前一天卖方的力量，这至少也说明了当天卖方占据了主动权，如果买方不能起来反击的话，那么后市出现下跌可能性很大。

第一，当阴抱阳组合出现在股价运行到半年线或年线附近时，标志着这个位置附近有比较强的压力，后市股价很有可能会出现回落甚至下跌的走势。

第二，当阴抱阳组合出现在股价上涨的中途时，一般是庄家在洗盘所导致的，股价可能会出现回落整理的走势，但一般不会改变股价原有的运行趋势。

第三，当阴抱阳组合出现在股价经过长期上涨之后的高位区域时，则标志着买盘出现了明显的衰退，这往往是庄家出货的信号，后市股价出现下跌的可能性相当大。

2. 阳抱阴组合出现在下跌趋势中，由两根K线组成（图3-7）。第一根

K线是实体较小的阴线，第二根K线是实体较长的阳线，且这根阳线的实体将前根阴线的实体从上到下全部吞没。

阳抱阴组合是强烈的看涨信号。该形态中阳线实体完全吞没了阴线实体，说明上涨动能已经完全占据优势，股价接下来有较大可能出现一波涨势。投资者要注意把握该买入机会。

图3-7 阳抱阴组合

如图3-8所示，2011年1月25日，航天晨光（600501）在下跌趋势中出现阳抱阴组合，表明股价即将上涨，投资者要注意把握该买点。之后该股迎来一波上涨走势。

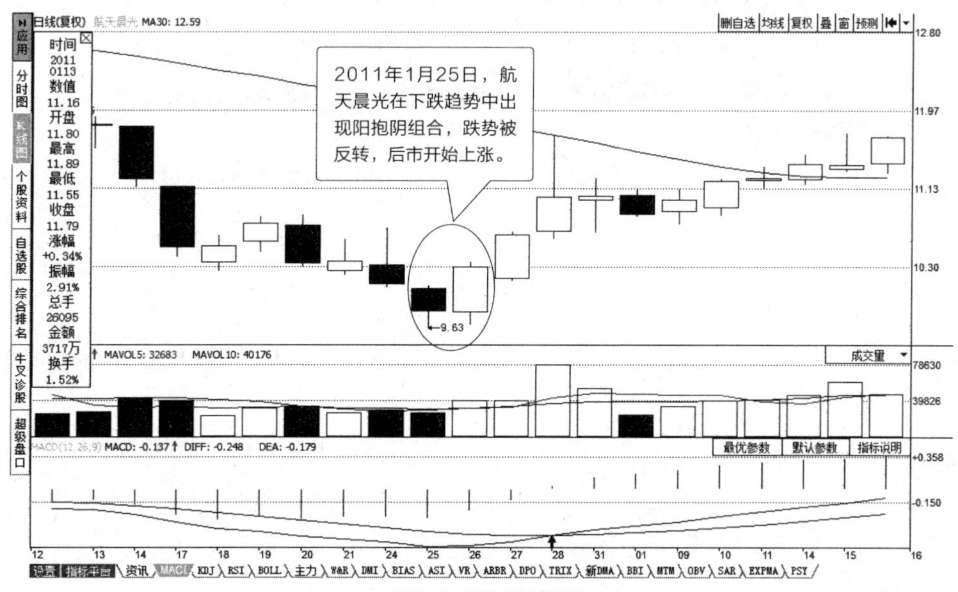

图3-8 阳抱阴K线图

实际上，该股的上涨意义比较强烈，除了阳抱阴组合之外，前面出现射击之星也是上涨的重要原因。

总的来说，股价在运行的过程中出现阳抱阴组合时，说明当天买方的力量要明显强于前一天买方的力量，这至少说明当天买方占据了主动权，如果买方能够继续保持这种强势的话，那么后市股价出现继续上涨的可能性极大。

第一，当阳抱阴组合出现在股价经过长期下跌之后的低位区域时，则标志着买盘明显转强，这预示着后市股价出现反转走强的可能性相当大。

第二，当阳抱阴组合出现在股价上涨中途的时候则表明买盘在增强，这往往预示着后市股价很有可能会出现加速拉升的走势。

操盘金言

当投资者判断正确并大胆建仓一段时间之后，浮动盈利开始大幅出现，此时绝大部分投资者的心情都是“既喜且惧”。欢喜的是盈利出现，恐惧的是怕市场再次反转。在这种高兴与恐惧中，投资者很容易在短期反弹走势中获利了结。

孕线组合

孕线是K线形态中的转折组合的一种。抱线组合中的第二根K线完全包含第一根K线，而孕线恰好相反，它的第一根K线把第二根K线完全包含。关键的孕线组合大致可以分成三种：孕育阳线、孕育阴线和孕育十字线。

1. 孕育阳线。股价在运行的过程中收出一个上涨的大阳线，但是在紧接着的第二天股价并没有延续前一天的强势，而是在开盘时就出现大幅度的低开，但是开盘价要高于前一天的开盘价。

开盘之后买盘相对来说比较积极，股价出现了回升，但是在回升的过程中也不断有卖盘涌出，多空双方经过一天的争夺之后，虽然股价最终出现了回升，但截至收盘时，股价还是没能收复开盘时的失地，最终收在前一天的收盘价之下以一根低开高走的阳线报收。这根阳线的实体部分全部都是处于前一天的大阳线实体之内。这种形态的K线组合被称为“孕育阳线”（图3-9）。

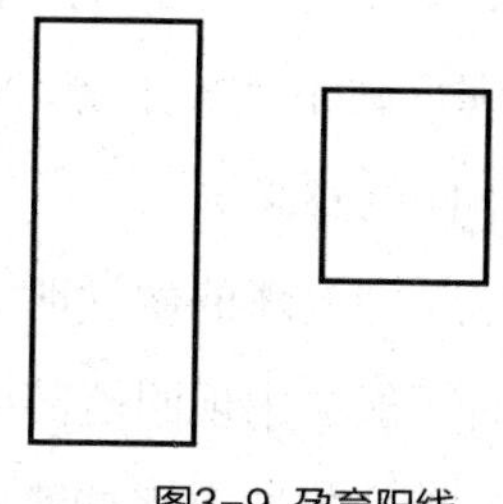

图3-9 孕育阳线

值得注意的是，在盘面上出现这种形态时，第一天的阳线和第二天的阳线都可以带有上下影线，但标准的孕育阳线是不带上下影线的，不过在一般的情况下有无上下影线的市场意义差别不大。

如图3-10所示，2012年2月24日，航天晨光（600501）收出一根带有较长上影线的小阳线，该小阳线与此前的一根大阳线形成孕育阳线组合，随后后市形成一波下跌的走势。

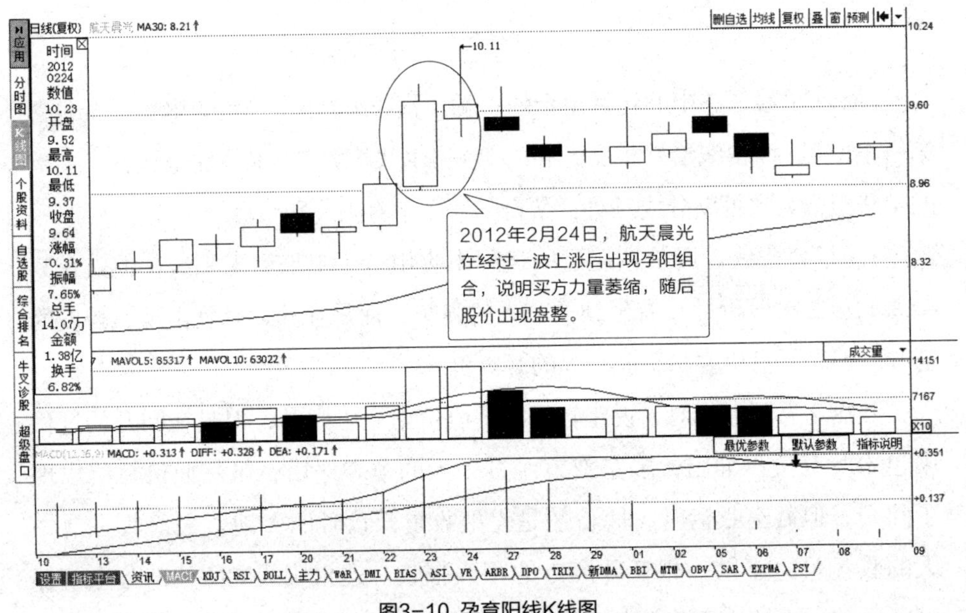

图3-10 孕育阳线K线图

从孕育阳线组合的形成过程我们可以看出，股价在第二天的运行过程中买方力量出现了明显的衰退，如果在接下来的一两天内买方的力量不能转强的话，那么后市股价必将出现反转下跌的走势。这种形态出现在股价不同位置时所代表的市场意义会有不同的意义。

（1）当孕育阳线出现在股价上涨的中途时，则标志着股价的上涨动力出现了减弱，预示着股价很有可能会出现回落甚至是出现下跌的行情。

（2）当孕育阳线出现在股价长期上涨的高位时，则标志着股价出现了严重的滞涨，后市股价出现下跌的可能性极大，这往往是股价即将出现大幅度下跌的前兆。

2. 股价在运行的过程中收出一个上涨的大阳线，但是在紧接着的第二天股价并没有延续前一天的强势，而是在开盘时就出现大幅度的低开，但开盘价要高于前一天的开盘价。

开盘之后盘中不断会有卖盘涌现，股价在卖盘的压制下出现走低，虽然在这个过程中买盘也会时常出来反击，但最终还是没能战胜卖盘的压制。截至收盘时股价收出一根下跌的阴线，但收盘价要高于前一天的开盘价，收出的阴线实体部分全部都是处于前一天收出的阳线实体之内。这种形态的K线组合被称为“孕育阴线”（图3-11）。

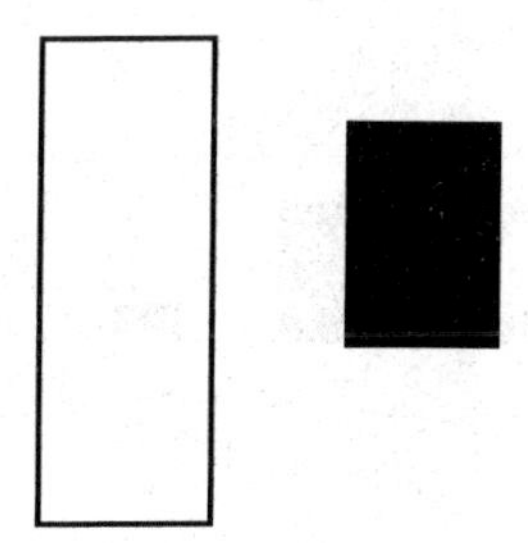

图3-11 孕育阴线

股价在当天的运行中也会出现快速冲高或者是快速下挫的走势，但当股价快速冲高之后就会受到抛盘的压制而出现回落，同样当股价下挫到一定程度之后买盘也会出来反击把股价拉起，当天股价基本上是维持在前一天阳线实体之内运行的。

如图3-12所示，2014年4月17日，时代万恒（600241）在经过一波上涨之后，低开一路下行，出现一根阴线，与前一天的大阳线形成孕育阴线的组合形态，发出趋势反转信号。4月18日收了一颗小阳星，这时投资者要注意及时卖出。

仅从孕育阴线的形成过程就可以看出，股价在第二天的走势出现了明显

的滞涨现象，在第二天买盘出现了严重的衰退，否则股价理应承接前一天的强势继续向上走高才对。因此，当股价在运行的过程中出现孕育阴线时标志着股价上涨动力不足，后市股价很有可能会出现回落甚至是下跌的走势。下面我们看看这种形态出现在股价运行到不同位置时所代表的市场意义有什么不同。

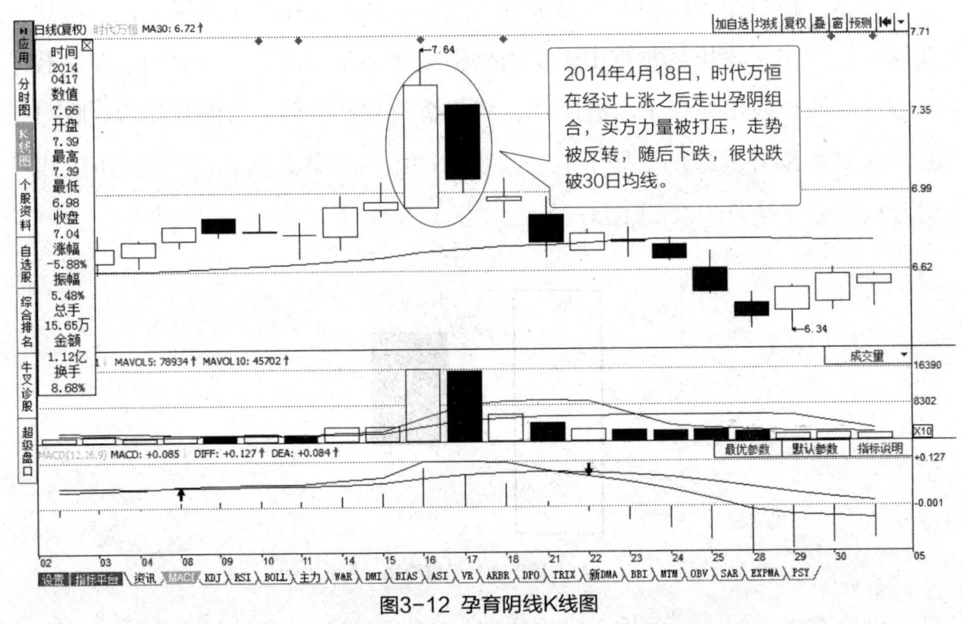

图3-12 孕育阴线K线图

（1）当孕育阴线是出现在股价处于下跌通道中的反弹过程中时，则标志反弹力度出现衰竭，后市股价将会出现继续下跌的走势。

（2）当孕育阴线出现在股价运行到半年线附近或者是年线附近时，则标志着这个位置附近有比较大的压力，如果在出现这种形态之后买方不能快速起来反击的话，那后市股价将会出现回落甚至是下跌的行情。

（3）当孕育阴线出现在股价长期上涨的高位区域时，投资者需要引起高度的注意，这往往是股价出现大幅度下跌的前兆。

3. 孕育十字线。在股价运行的过程中收出一个上涨的大阳线，股价第二天以低于前一天的收盘价开盘，但第二天的开盘价要高于前一天的开盘价。

开盘之后多空双方就展开了激烈的争夺，股价在分时走势图上呈现出上下来回震荡的走势格局，当股价向上震荡到一定程度时就会有大量的卖盘涌出压制股价的上涨，而当股价向下震荡到一定程度时，盘中也会出现买盘封住股价的下跌空间，截至收盘时收出一根十字线的形态。出现十字线当天股价的最高价可以高于前一天的收盘价，同时最低价也可以低于前一天的开盘价，只要当天的收盘价等于当天的开盘价。这种形态的K线组合就是“孕育十字线”（图3-13）。

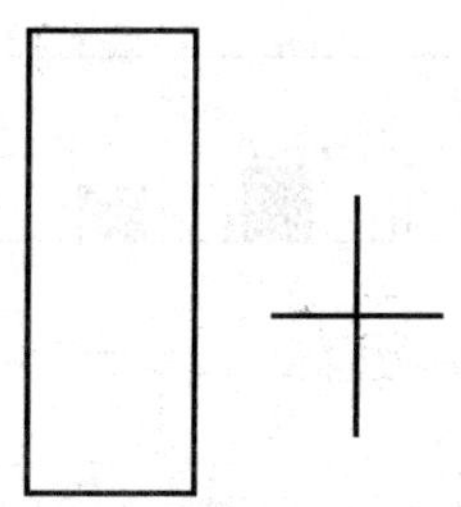

图3-13 孕育十字线

孕育十字线是一种比较特殊的市场形态，它往往出现在股价长期下跌的低位或者在股价长期上涨的高位区域，它具有预测市场反转的意义，但在股价上涨的中途或者是下跌的中途也会出现这样的组合，不过这样位置的孕育十字线通常不会改变股价原有的运行趋势。

如图3-14所示，2015年3月25日，沱牌舍得（600702）收出一根十字线，与之前的一根阳线，一起组成了孕育十字线组合，组合处于上涨中途的位置，并没有改变股价原有的走势，随后几天股价稍作整理后继续上行。因此，上涨中途的孕育十字线可以看作一种滞涨的形态。

仅从孕育十字线组合形成过程来看，虽然股价在第二天的运行中买方与卖方出现了激烈的争夺，但最终打了个平手，相对于前一天的强势来讲，买

方的力量出现了明显的衰退，如果买方不能快速起来反击的话，那么后市股价出现回落甚至是下跌行情的可能性极大。下面讲解一下这种形态出现在股价运行到不同位置时的市场意义。

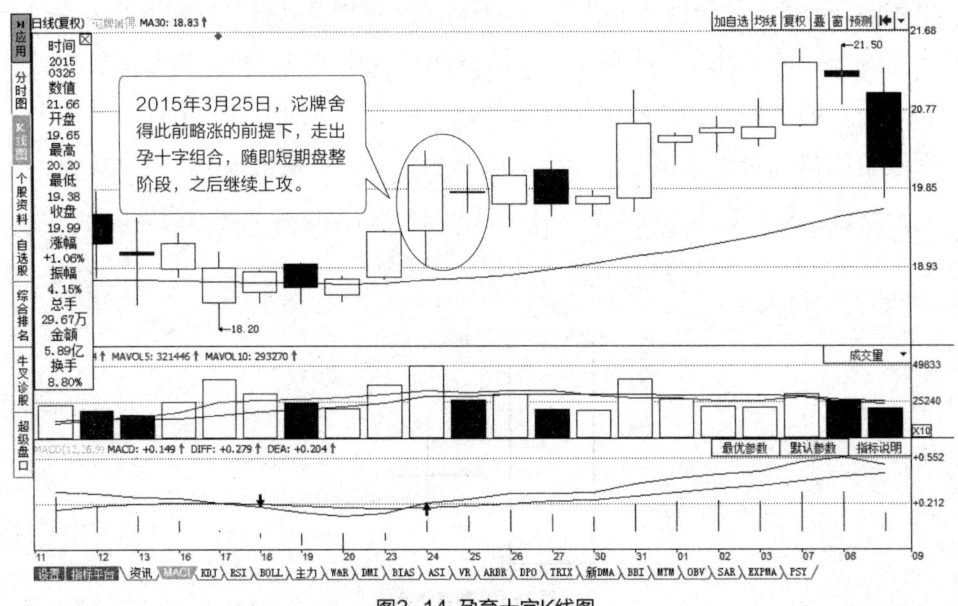

图3-14 孕育十字K线图

（1）当孕育十字线出现在股价长期下跌的低位时，则标志着买盘在转强，虽然在出现十字线的当天买方的力量较前一天有所减弱，但如果在接下来的第二天股价能够继续走强的话，那后市股价出现上涨的可能性相当大。

（2）当孕育十字线出现在半年线或者是年线附近时，则表明这个位置附近有一定的压力，如果买方不能很快起来反击的话，后市股价就很有可能会出现回落甚至是下跌的走势，但如果买方在第二天或者是在接下来的两三天内能够向上发力的话，那么后市股价继续向上运行的可能性就相当大。

（3）当孕育十字线是出现在股价上涨的高位区域时，此时投资者就要引起高度的注意，这往往是股价下跌的前兆。

操盘金言

许多投资者都感觉对自己当前的浮动盈利不满意，因为他们总会拿其他投资标的相比较。“如果我买了那只股票，现在不知道赚了多少倍”类似这样的想法经常出现。这个念头强大到一定程度，投资者就会抛掉手中的股票，结果一抛股票就往上涨，于是又后悔。

插入线组合

插入线具体分为上涨插入线、下跌插入线，从命名上就可以看出上涨插入线是一种看涨的信号，而下跌插入线则是一种看跌的信号。这两种形态在市场中都会经常出现，投资者对两种插入线的形成过程及所代表的市场意义应详细地掌握。

1. 上涨插入线。当股价在处于下跌的过程或在回落的过程中运行时，收出一根下跌的阴线，紧跟着第二天股价以低于前一天的收盘价开出，但在开盘后股价却出现高走，并逐步地向上攀升。在股价攀升的过程中买盘比较积极，与此同时卖盘却在不断地衰退。截至收盘时收出一个上涨的阳线，并且这根阳线的实体深深地插入到前一天收出的阴线之中，这种形态就是“上涨插入线”（图3-15）。

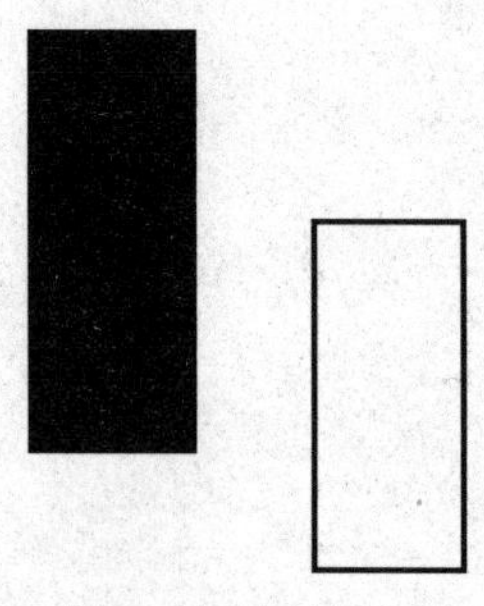

图3-15 上涨插入线

上涨插入线表明在市场下跌、动能急剧释放的同时，上涨动能突然而至并占据上风，之后股价有较大可能出现一波上涨走势。但其可靠性不如看涨抱线组合。投资者一旦见到该形态要引起注意，一旦后市股价继续上涨，就应短线买入。

上涨插入线出现在一波较长时期的股价跌势过程中，往往是见底的信号。阳线实体高出阴线实体部分越多，转势信号就越强。投资者见到该信号后要注意及时买入。

如图3-16所示，2012年12月4日，啤酒花（600090）在经过一波加速下跌之后出现上涨插入线形态，表明上涨动能占据优势。12月5日，股价继续大幅上涨，出现一根大阳线，投资者要注意及时买入。

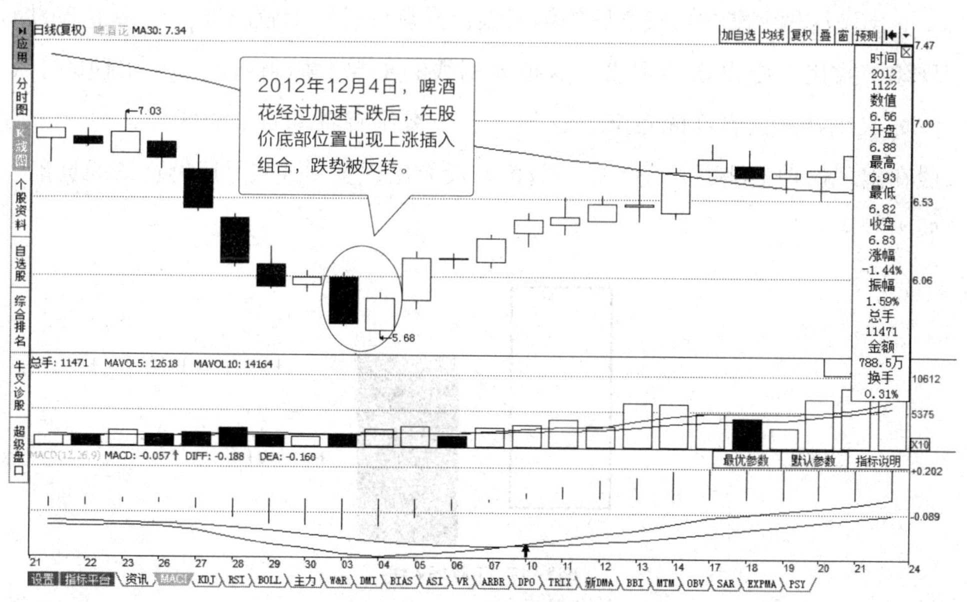

图3-16 上涨插入K线图

实际上，对12月5日该股买点的把握，投资者要注意分时图中的股价实时走势。12月5日开盘后该股低开（但并没有跌破前根K线的低点），之后逐渐上涨。它表明前一个交易日出现的上涨插入线的组合是有效的，此时投资者就应该及时买入。

盘面上出现上涨插入线，预示着后市股价将会出现上涨或者是反弹的行情。不过，具体位置不同，上涨插入线的市场意义也有所不同。

（1）当上涨插入线出现在股价经过长期下跌之后的低位区域时，则标志着买盘在转强，而卖盘却明显走弱，这预示着后市股价出现反弹甚至反转的可能性极大。

（2）上涨插入线出现在股价上涨的中途时，预示着股价将会继续向上运行，这往往是庄家洗盘导致的。

（3）当上涨插入线出现在股价经过长期上涨的高位时要特别注意，这往往是庄家出货时的最后挣扎。

出现这种上涨插入线之后的第二天，开盘之后股价就出现了一路走低的现象，收出一根下跌的阴线。这根大阴线的出现就标志着前一天出现的上涨插入线就失去看涨的意义，这与上一个案例有着本质上的区别，也是该股在出现这种上涨插入线之后，股价并没有出现反弹或者是反转行情的真正原因所在。

图3-17 下跌插入线

2. 下跌插入线。当股价经过一段时间的上涨之后，或者在股价处于阶段性的反弹高点时，收出一根上涨的阳线，在紧跟着的第二天股价出现大幅度的低开，但是开盘价要高于前一天的开盘价，开盘之后股价便出现回落。在回落的过程中卖盘不断涌现，与此同时，盘中主动性的买盘却不是很积极。截至收盘时股价收出一根长长的阴线，而且深深地插入到前一天收出的阳线实体之中。这种形态就是“下跌插入线”（图3–17）。

出现下跌插入线，预示着后市股价将会出现下跌或者是回落的行情。但是当它们出现在股价运行的不同位置时，或者是出现后盘中所表露出来的迹象不一样时，它们所代表的市场意义可能不同。

下跌插入线又称“倾盆大雨”，出现在一波上涨过程中往往是见顶的信号，且看跌意义更强于乌云盖顶。阴线实体高出阳线实体部分越多，转势信号就越强。投资者见到该信号后要注意及时卖出。

如图3–18所示，2013年3月28日，西藏药业（600211）在经过一波上涨走势之后在30日均线上下出现倾盆大雨形态。这是比较明显的短线见顶信号，投资者可以积极卖出。之后，该股持续下跌，顺利跌破30日均线。

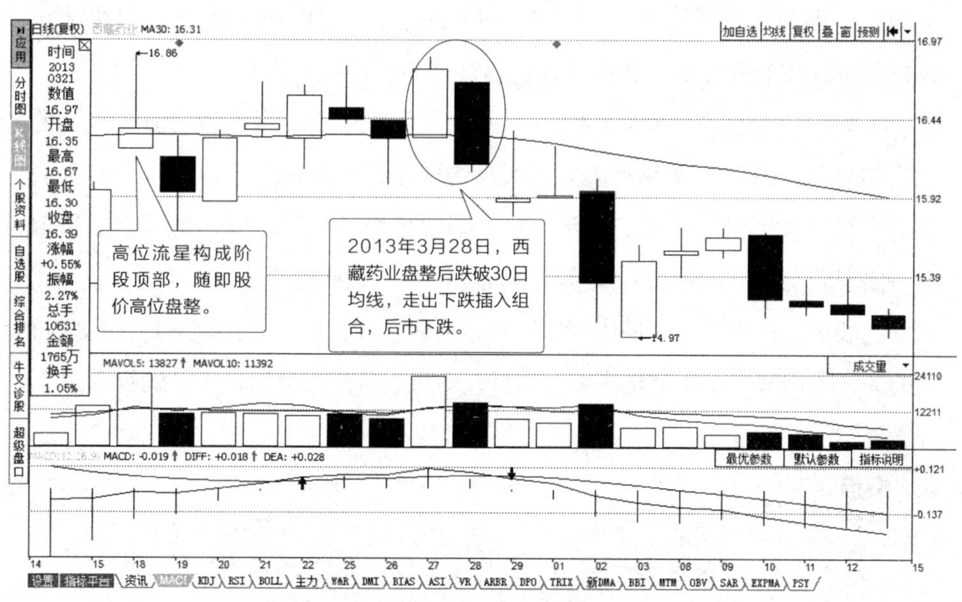

图3–18 下跌插入K线图

下跌插入线一般出现在股价上涨的高位区域或者是在股价反弹之后的阶段性高位，很少出现在股价上涨的中途。要是下跌插入线是出现在股价经过长期上涨的高位区域时，或者是出现在股价反弹的阶段性高点时，则往往预

示着后市股价即将出现大幅度下跌。

对于下跌插入线，在实际操盘的过程中，要掌握以下一些技术要点：

（1）如果在下跌插入线之前，股价已经创出了一个新高，而在股价第二次向上拉升运行到这个新高附近时，无法发力突破这个新高就会出现回落，并最终出现下跌插入线，那么我们就可以确定此时庄家已经在出货，后市股价必将会出现一波下跌行情。

（2）在出现下跌插入线组合的第一天，股价收出阳线时成交量迅速放大，而且在当天的运行中股价出现了快速回落之后，才被大手笔的买单拉起最终收出这根阳线的走势，在当天股价回落的过程中主动性卖单比较多。而在出现下跌插入线当天收出阴线的过程中却不断有大手笔的买单挂在买三、买四处，但是每当股价下跌到这个价位附近时，这些大买单就会很快被撤掉，并调低几个价位后再次挂上去。这往往表明庄家在出货。

（3）有些个股在出现下跌插入线之后会维持几天的震荡，但在震荡的过程中会明显出现卖盘要远远大于买盘的现象，而且在这个过程中也时常会有大手笔的大买单挂在买二、买三处。但股价经过一段时间的震荡之后不但没有出现向上突破的走势，反而突然向下破位，跌破这个震荡平台。

当股价运行到高位区域出现下跌插入线时，在盘面上又出现了以上这些特征的话，我们就可以断定是庄家在出货，后市股价必将会出现下跌的行情。

操盘金言

当你真正了解到一天中的4小时内，多空双方在什么价位附近集结资金、投入的兵力最多，你就能够更加真实地把握主力意图，回避一些骗线和K线组合陷阱。

跳空组合

1. 向上跳空。当股价处于明显上升的过程中，或者在股价底部反转的过程中在某一天里股价突然以高于前一天的最高价开盘，从而在前一天的最高价与当天的收盘价格之间形成了一个缺口，并且在股价全天的运行中这个缺口始终没有被填补，或者是没有被完全填补，这个缺口我们称之为“向上跳空缺口”，形成的这种形态的K线就称之为“向上跳空”（图3-19）。

标准的向上跳空形态是由两根不带上下影线的阳线所组成的，也就是说，前一天股价收出来的是一根上涨的阳线，而后一天收出来的也是一根阳线，并且在这两天的走势中，股价当天的开盘价就是当天的最低价，而当天的收盘价就是当天的最高价。

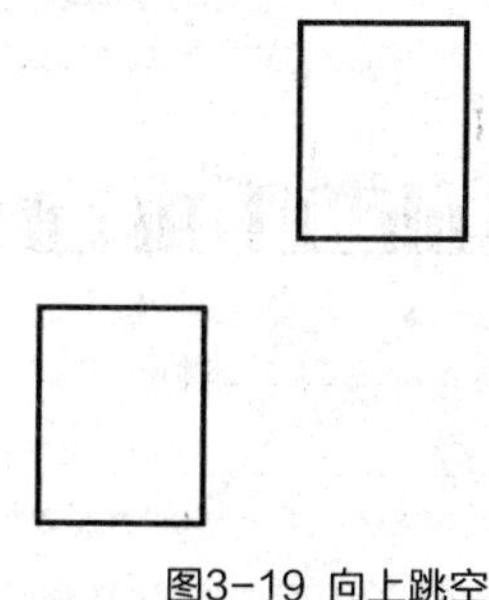

图3-19 向上跳空

变异的向上跳空形态中，前后两天的K线都可以带有上下影线，但必须在前一天的最高价和后一天的最低价之间留有缺口，它和标准的向上跳空

形态具有同样的市场意义，只不过发出来的信号要比标准的向上跳空稍微弱一点。

如果股价前一天收出的是一根阴线，或者后一天收出的是一根阴线，乃至两天收出的都是阴线的话，那么这种形态算是向上跳空吗？只要它们之间当天留下的缺口没有被回补，或者是没有完全被回补，那这就是向上跳空形态。但它们的市场预测信号是比较弱的，特别是在两天都是收出阴线的情况下。

从这种形态的形成过程来看，我们就能看出股价在第二天的运行中买方力量明显要强于卖方力量。如果这种形态出现在股价长期下跌的底部区域，那么这标志着后市股价出现反弹的可能性相当大；要是这种形态出现在股价上涨的中途，那么往往是股价进入加速拉升的前兆。

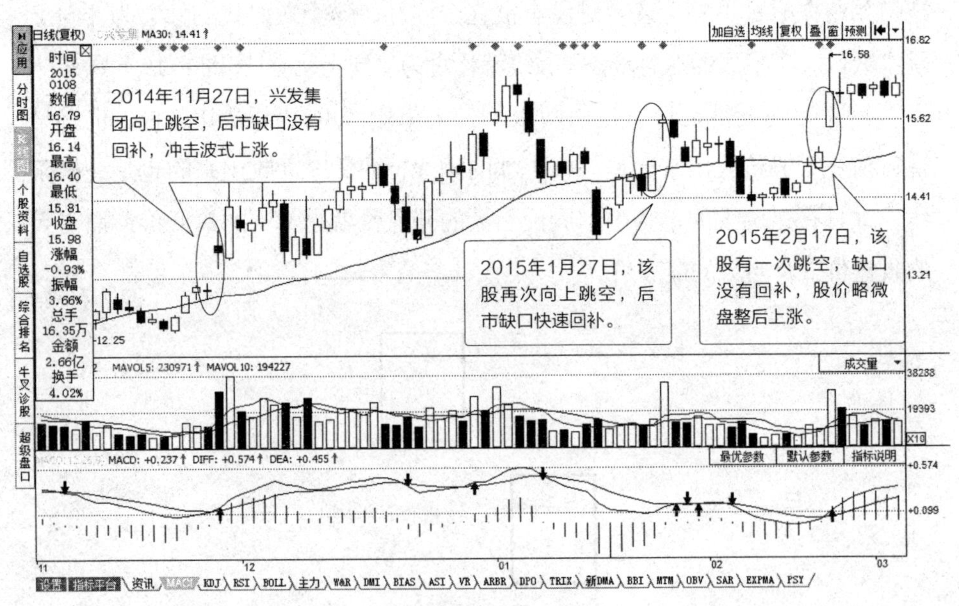

图3-20 向上跳空K线图

如图3-20所示，2014年11月27日，兴发集团（600141）向上跳空高开收出一颗小阴星，与之前的一颗小阴星形成缺口，之后缺口没有回补，后市一直上涨。2015年1月27日，该股再次向上跳空高开收出一颗小阳星，但不久缺口回补，后市出现幅度比较大的下跌走势。2015年2月17日，该股又向上跳空收出了一根光脚阳线，形成一个较大的缺口，缺口没有回补，后市看涨。

向上跳空形态代表当天买方力量在开盘的时候就完全占据了上风。这种形态经常是出现在股价处于明显的上涨行情中，但有时也会出现在股价经过长期下跌之后刚向上启动的时候。

（1）年线附近出现的向上跳空K线通常是一个很好的长线投资介入点。

（2）出现在长期上涨后的高位区域。要是这种“向上跳空”的形态出现在股价长期上涨的高位区域时，投资者就要注意了，这往往是庄家故意拉高股价来引诱投资者接盘，从而达到出货的目的。

2. 向下跳空。股价在运行的过程中突然在某一天里以低于前一天的最低价格开盘，并且在开盘之后就开始一路下跌，虽然在当天的运行中股价出现过冲高的走势，但最终还是没能回补开盘时所留下来的缺口。股价在开盘之后卖方就完全占据了主导，在整天的运行中买方虽然出来反击过，但最终还是无济于事。股价在当天的分时走势上有时会呈现出震荡下跌的走势，如果抛盘很严重，股价就会呈现出单边下跌的走势。

出现向下跳空的前一天，股价收出的K线可以是阳线，也可以是阴线，只要股价是在第二天的走势中低于前一天的最低价格开盘，并且最终截至收盘时留下一个向下的缺口，都是向下跳空形态（图3−21）。

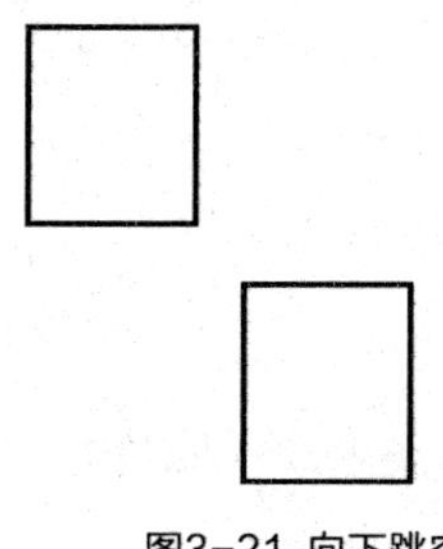

图3−21 向下跳空

当然，出现向下跳空的前后两天收出的K线中都可以带有上下影线，而且第二天股价可以是大幅度的低开，然后开盘后出现高走并且收出一个不带上下影线的阳线。只要截至当天收盘时盘面上留下了一个缺口没有被回补，这样的形态同样是向下跳空。

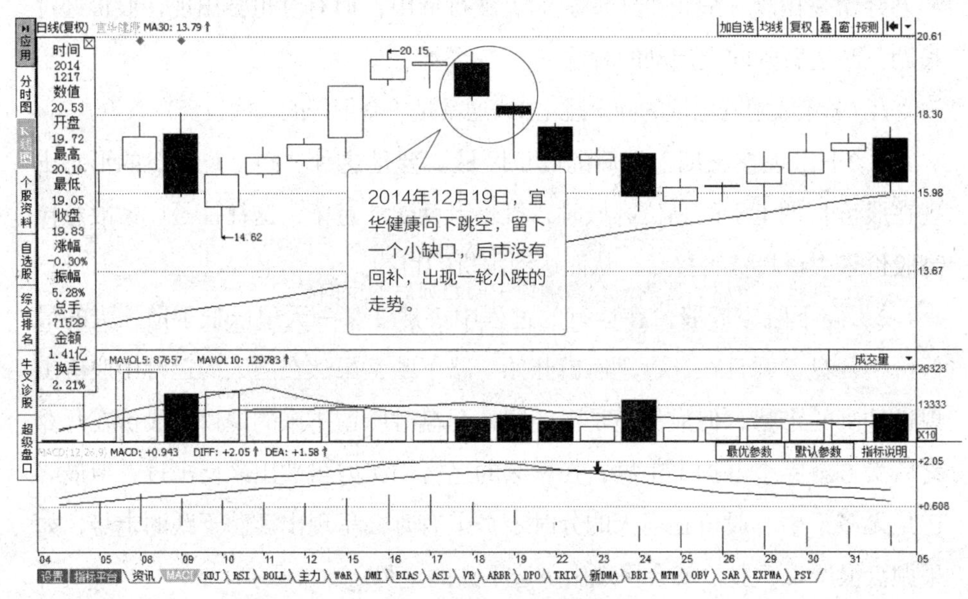

图3-22 向下跳空K线图

如图3-22所示，2014年12月19日，宜华健康向下跳空，留下一个小缺口，后市没有反弹回补缺口，出现一轮小跌的走势。

从股价开盘时的现象来看，我们可以判断出买卖双方经过一夜的思考之后，做空的投资者占据了上风，从而导致在早盘开盘就出现了大幅度的低开。要是买方不能立刻起来反击的话，那么后市股价必将出现下跌的走势，特别是在出现股价上涨的高位区域。当然，向下跳空的形态出现在股价运行到不同位置时有不同的市场意义。

（1）当向下跳空的走势形态出现在股价长期上涨的高位区域时，则标志着买盘明显衰退，而卖盘却在明显转强，这预示着后市股价出现下跌的可能性极大。

（2）当向下跳空的走势出现在股价下跌的过程中时，这标志着盘中出现了恐慌性的抛压，这种情况预示着后市股价出现加速下跌的可能性相当大。

（3）有些个股在上涨中途洗盘的过程中也会出现这种向下跳空的形态，但之后股价很快就会出现回升或者是呈现出逐步的回升，在这种情况下出现的向下跳空，一般是不会改变股价原有的运行趋势的。

操盘金言

一般而言，主力准备采取较大的行动时都会从缺口操作开始。所以，如果投资者遇见中期趋势后的反向缺口与伴随基本面消息或较大成交量的缺口K线，此时应该提高警惕。总之，对含有缺口的K线组合需要特别注意。

双飞乌鸦组合

双飞乌鸦，即向上跳空两只乌鸦，这种形态一般出现在股价经过长期上涨的高位区域或是出现在股价上涨的阶段性高位，这是一种看跌的市场形态。这里所说的“两只乌鸦”指的就是在股价上涨的高位或是阶段性高位出现两根连续的阴线，且两根阴线高高地挂在盘面上（图3-23）。

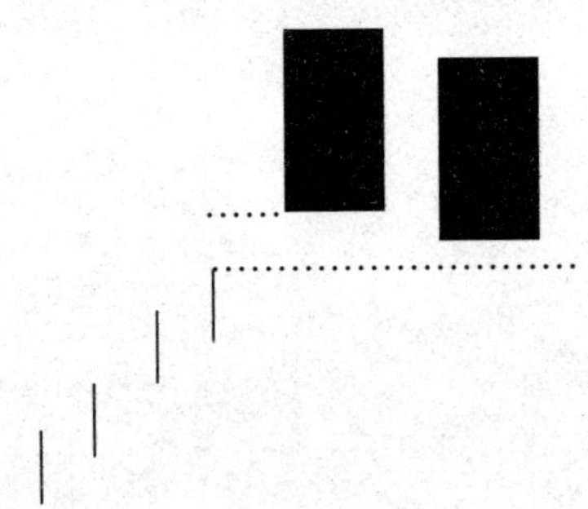

图3-23 双飞乌鸦

当股价经过长期上涨之后突然在某一天里股价出现大幅度的高开，但是在高盘开出后，盘中就出现了大量的抛压不断打压着股价的上涨动力，在这些卖盘的抛压下股价就逐步地出现回落。当碰见抛压相当强的时候股价还会出现快速回落的现象，在分时走势图上就会呈现出直线式的下跌走势，虽然在这个过程中买盘也不断地出来反击，但最终还是没能占据上风。截至收盘时股价收出一根长长的阴线，并且留下了一个向上跳空的缺口。

紧接着的第二天，股价继续以大幅度高于前一天的收盘价开盘，甚至是高于前一天的最高价开盘，但是在开盘之后盘中同样出现了大量的抛压。股价在这些抛压盘的压制下出现了回落，截至收盘时再次收出一根长长的阴线，并且也没有回补前一天留下来的向上跳空的缺口。这种走势的K线形态称之为“向上跳空两只乌鸦”。

值得注意的是，出现的这两根阴线都可以带有上下影线，只要第一天向上跳空的缺口没有被回补，我们就称之为“向上跳空两只乌鸦”，当然标准的“向上跳空两只乌鸦”是不带上下影线的，而且这两天的收盘价都是一样的。当然，无论是否带上下影线，它们都具有同样的市场意义，只不过是标准的“向上跳空两只乌鸦”的信号要强一点。

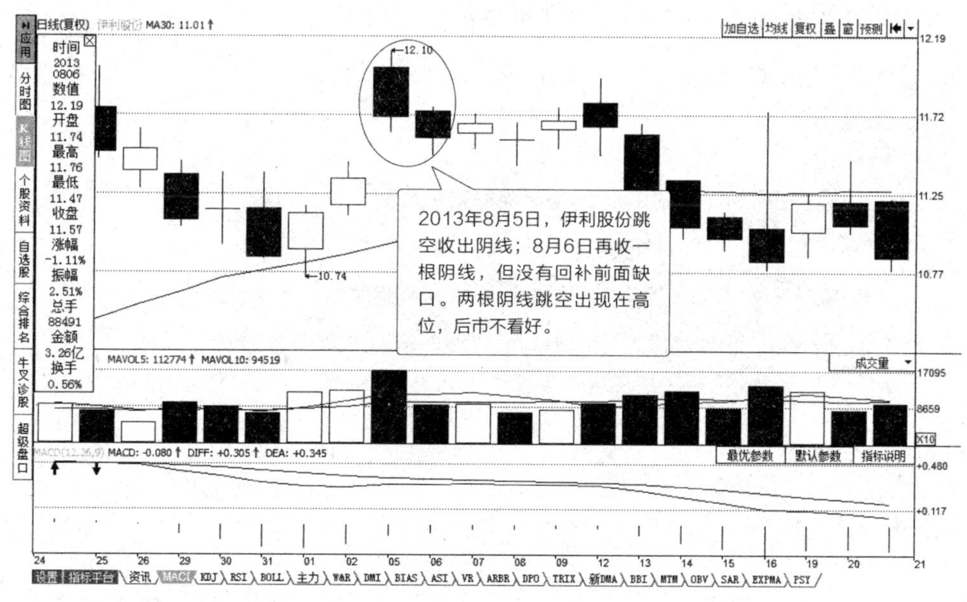

图3-24 双飞乌鸦K线图

如果图3-24所示，2013年8月5日，伊利股份（600887）跳空拉出一根阴线，接着8月6日微微高开，再次收出一根阴线。于是两根阴线在高空出现，组合成“跳空的两只乌鸦”。后市迎来一波下跌的走势。

虽然股价出现大幅度高开，但是股价在开盘之后受到强大的卖盘抛压，我们从这一点就可以看出卖方力量在强势地打压，而且买方却在逐步地衰退。因此，出现这种形态一般是股价下跌的前兆，而这种形态往往是出现在股价大幅度上涨的高位或者是阶段性高位。下面是这种形态处于关键位置的市场意义，应引起投资者的重视：

（1）股价上涨的高位区域。当这种形态出现在股价上涨的高位区域时，则标志着卖盘明显增加而买盘却在不断地衰退。这预示着后市股价即将会出现下跌。

（2）出现在年线或半年线附近。当这种“跳空两只乌鸦”出现在股价运行到半年线或者是年线附近时，则标志着这个位置附近有很大的阻力，后市股价出现回落甚至下跌的可能性相当大。

操盘金言

许多投资者注重短期的趋势，而忽略了阶段位置和趋势所在，当突然转势时将毫无知觉，最终是逆势持单到深套，例如，当大趋势向下跌的过程中，反弹时买进多单被套后，仍然违背大趋势持单而不及时采取止损策略。

关键性多K线组合精要解析

单一的K线代表的是买卖双方一天之内战斗结果，不足以反映连续的市场变化，多条K线的组合才可能更详尽地表述多空双方一段时间内“势”的转化。买卖双方中任何一方突破盘局获得优势，都将形成一段上涨或下跌的行情，这就是所谓的“势在必行”。而随着这种行情的不断发展，又为对方积攒着反攻的能量，这就是“盛极而衰”。

黄昏之星

在股价经过长期上涨运行到高位区域时，突然某一天股价向上跳空高开，收出星线，在接下来的第三天里股价并没有延续前一天的强势继续走强，反而出现了向下跳空，并且收盘时收出一个阴线的走势现象，这种形态就是“黄昏之星”（图4-1）。

黄昏之星形态中间的K线可以是十字线、小阴星、小阳星、锤头线等，但后面那根K线必须是一个阴线，这些K线中都可以带有上下影线。有的书中可能会不叫黄昏之星，但这种形态的本质是一样的。

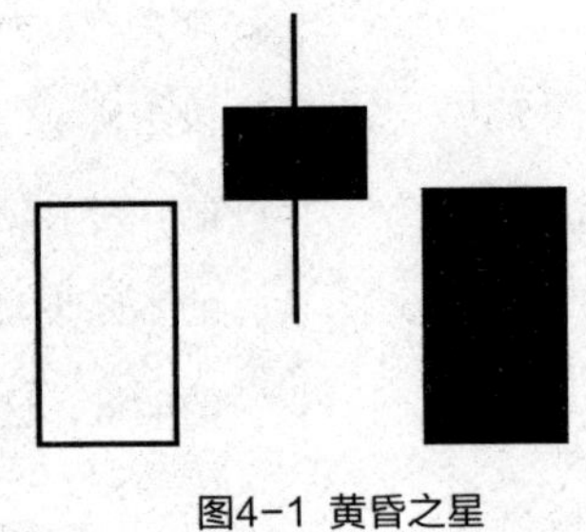

图4-1 黄昏之星

黄昏之星是较为强烈的看跌信号，它表明下跌动能在经过十字线的搏斗之后已经战胜了上涨动能，后市看跌。投资者一旦发现该形态，要注意及时卖出。

如图4-2所示，2014年2月18日，宜昌交运（002627）在经过一波较大的上涨走势之后，在顶部出现黄昏之星形态，表明市场下跌动能已经占据优势，后市很有可能出现下跌，投资者要注意积极卖出。之后该股持续下跌，并于2月25日跌破30日均线且持续下跌。

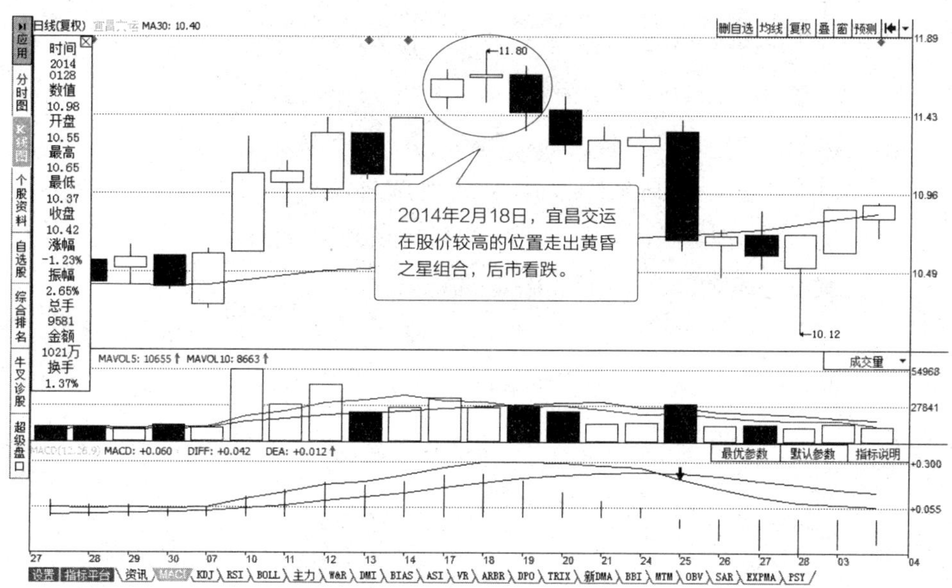

图4-2 黄昏之星K线图

仅从黄昏之星的形成过程就可以看出，股价由第一天出现向上跳空的强势转变成第二天向下跳空，买方力量出现了衰退，并且这种形态出现在股价长期上涨的高位区域或者股价上涨的阶段性高位。因此，它是一种看跌的市场信号，出现这种形态之后预示着股价即将会出现下跌的行情。这种形态的市场意义还需要看所处的位置，黄昏之星处于不同的位置，体现的市场意义也不同。

（1）如果黄昏之星出现在股价经过快速拉升的高位阶段，则标志着股价的上涨行情即将告一段落，预示后市股价即将迎来一波下跌行情。

（2）如果在股价运行到半年线或者年线附近时出现黄昏之星的话，则标志着该压力位置附近存在不小的压力，一旦买方的力量不能得到增强，后市股价必将出现回落甚至是下跌的行情。

操盘金言

主力出货前常用走势设置多头陷阱，让投资者看好后市而跟进，从而掉入主力的多头陷阱之中。一些投资者对于K线组合一知半解，形成思维定式，按部就班地使用，结果被主力所利用。人的心理定式及思维定式一旦形成则短期内很难改变。因此，在学习K线组合的时候不要迷惑于表面形态，而应深入研究其内在含义。

红三兵

在股价运行的过程中，在某一天里收出一根上涨的阳线，之后在第二天和第三天里依次收出两根连续上涨的阳线，并且每一天的最高价都要高于前一天的最高价，而且每一天的收盘价高于前一天的收盘价。股价在每天开盘之后，盘中就出现了积极的买盘，不断把股价推高，同时在股价上涨的过程中很少有抛压出现，股价在分时走势图上的走势非常畅通，连续收出三根上涨的阳线，这种走势形态我们称之为“红三兵”（见图4-3）。

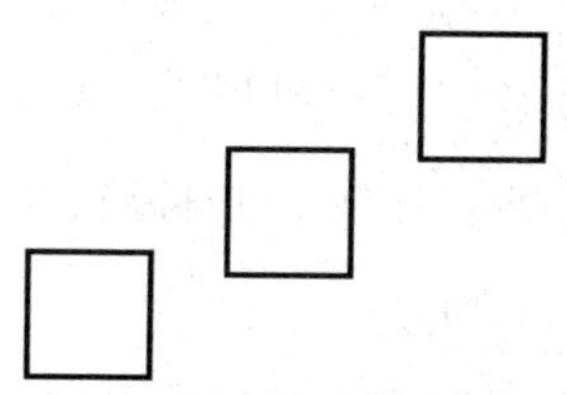

图4-3 红三兵

在标准的红三兵形态中，收出的三根阳线都是不带上下影线的，并且第二天和第三天股价都是向上跳空高开的。2015年4月10日到4月14日，华电国际（600027）在上涨过程中收出红三兵K线组合。此前有两根小阴星，但没有跌破20日均线，随即出现红三兵形态，说明上涨动能依然强劲（见图4-4）。

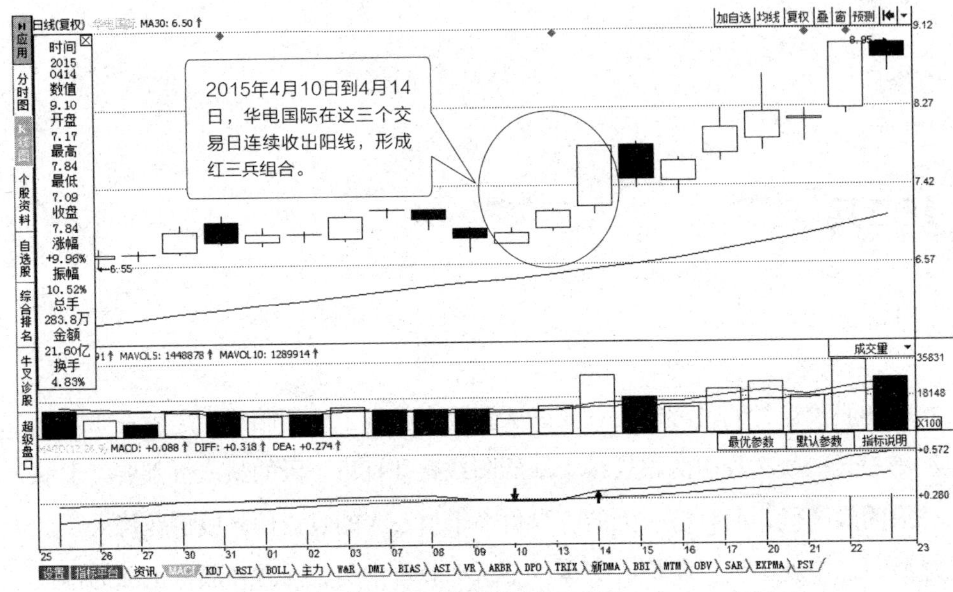

图4-4 上涨过程中的红三兵

在股价上涨的过程中经常会出现红三兵组合。在大部分情况下，它象征着买盘强劲，股价的上涨动力充足。在股价处于上涨趋势中出现的红三兵组合是一种看涨的信号。但在出现这种形态之后，股价能够继续向上走多远就要根据盘面上的实际动态来决定了，并且当它出现在股价运行到不同位置时，所代表的意义也会有所不同。

第一，当红三兵组合出现在股价长期下跌之后的低位时，标志着买盘明显转强，预示着后市股价出现反弹甚至是反转的可能性相当大。

第二，当红三兵组合出现在股价的低位区域并且经过充分整理时，那么则预示着后市股价即将进入加速拉升的行情。

第三，当红三兵组合出现在股价上涨的中途时，则标志着买盘出现了明显的转强，后市股价很有可能会进入加速拉升的阶段。

第四，当红三兵组合出现在股价经过长期上涨之后的高位区域时，就要特别小心，这往往是股价上涨的尾声，标志着股价即将会迎来一波下跌行情，往往是庄家故意拉高股价来出货的一种手段。

第五，当红三兵组合出现在股价运行到重要技术压力位置时，如60日均线、半年线以及年线附近时则标志着买方意志很坚定，预示着后市股价将会继续向上运行。

2012年12月4日到12月6日，金山开发（600679）在下跌后的上涨走势初期出现红三兵K线组合，表明上涨动能很强，投资者可以等股价在30日均线上方站稳后买入（图4-5）。

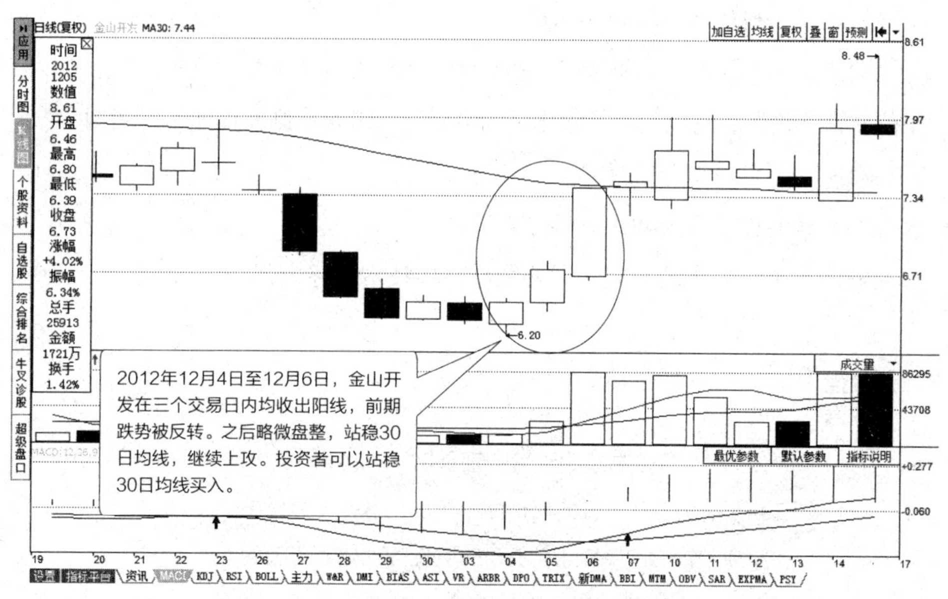

图4-5 下跌后出现红三兵

之所以不在红三兵形态出现时买入，是因为红三兵出现的时候，30日均线就在上方，多空双方必将在30日均线附近有激烈争夺，此时买入有可能被震荡出去。因此投资者可以在12月14日股价在30日均线上方彻底站稳后买入。

一般而言，连续三大阳线的出现，往往表明一个强烈上涨趋势的展开。然而，虽然连续三大阳线是稳健的走势形态，但也说明上升速度缓慢，从另一个角度说就是多头力量不够强大，行动迟疑。因此，投资者经常在高位看

见连续三大阳线一步三回头，最后坚持不住，股价反转下跌。而不明原因的投资者看到连续三大阳线还以为是稳健上涨，结果掉进陷阱里。

对于投资者而言，想要准确识别连续三大阳线是否为主力设置的陷阱，可以从以下几点进行分析：

第一，关注股价的整体位置。通常在低位的连续三大阳线是主力逐步建仓的表现，后市继续上涨的可能性大;如果是上升末期，连续三大阳线的出现，意味着股价很可能很快见顶，在下跌途中出现的连续三大阳线，是弱势反弹的表现，投资者不要轻易追进。

第二，关注量能。如果量能稳步放大，则应是主力稳健介入的表现；如果量能非常不规则，特别是第三根阳线的时候突然放量，则有可能引发回调。

第三，关注连续三大阳线是否有上下影线。光头光脚的连续三大阳线比有上下影线的连续三大阳线走势更为稳健。

第四，关注后市的表现，需要结合其他技术指标来判断。

操盘金言

单纯依据K线理论书籍中讲解的那些口诀，诸如“底部红三兵”之类的话来推断后势并不可取，这并不意味着这些原理不对，而是推断后势是建立在你对直观盘面的深入理解上的。要考虑特定信号出现的时机和位置，而且不能单纯依据盘后看到的历史K线，要能回避一些主力制造的陷阱。

多方炮

当股价在明显的上升通道中运行时，股价在买盘的推动下不断地向上攀升，但是在中途的某一天股价突然走弱，并在收盘时收出一根阴线。形成这根阴线之后的第二天，股价并没有延续前一天的弱势继续走低，而是出现了走强的现象，在当天的运行中买盘明显塔强，收盘时收出一根上涨的阳线。在这个过程中形成的阴线被前后两根阳线夹在中间，这种走势现象就称之为“两阳夹一阴”的“多方炮”（图4-6）。

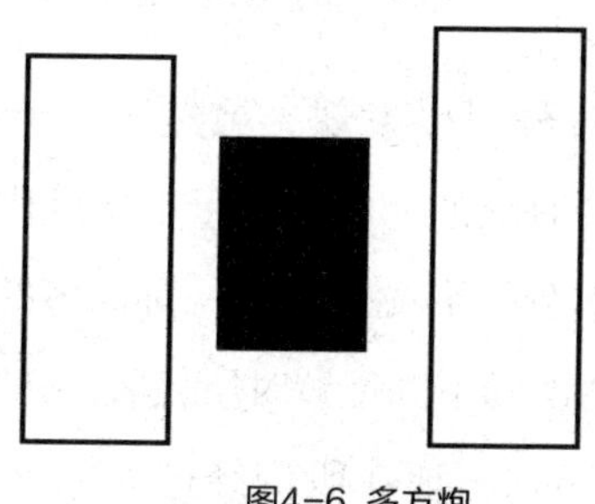

图4-6 多方炮

这种形态经常出现在股价上涨的中途，或者出现在股价经过长期下跌之后的低位区域。因此，投资者需要详细掌握这种形态的形成以及它所代表的市场意义。

值得注意的是，在标准的多方炮中，其中阴线的实体全部被前后两根阳线的实体所覆盖掉，三根K线都可以带有上下影线。

2014年11月17日，中钨高新（000657）收出一根小阳线，与前面的两根K线组合多方炮组合，后市看涨，可以寻找机会买入（图4-7）。

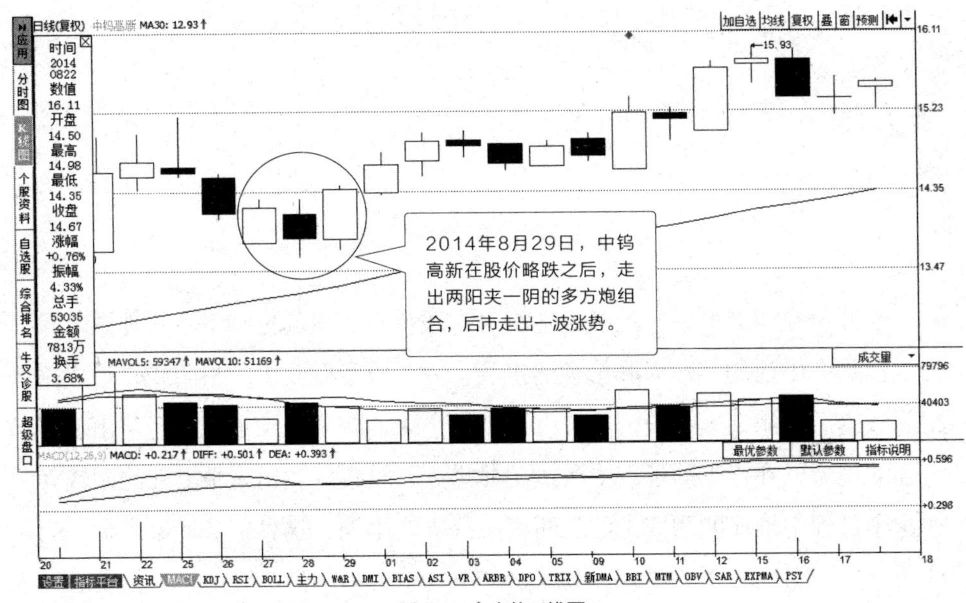

图4-7 多方炮K线图

研究多方炮的形成过程可以发现，虽然这个组合中间一天股价走弱，但是做空的能量还是十分有限的，做多力量很快就出来反击并最终夺回了主导权。因此，这种形态本身的形成过程是一种看多的形态，但是投资者要注意，它出现在股价运行到市场不同位置时所代表的市场意义是有所不同的。

第一，当多方炮的形态出现在股价经过大幅度下跌行情之后的低位区时，则标志着买方在转强，预示着股价很有可能会出现一波反转上涨的行情。

第二，当多方炮出现在股价处于明显的上升通道中时，往往是庄家洗盘所导致的，预示着后市股价将会继续向上运行，但前提是截至出现这种形态时股价的上涨幅度并不是很大。

第三，当多方炮的形态出现在股价经过大幅度上涨的高位区域时，投资者要引起高度注意，这往往是庄家出货时的信号，后市股价出现下跌的可能性相当大。

操盘金言

不少投资者在买进后，一旦行情出现波动就看不懂了，在心里没底的情况下不知所措，于是便到各大论坛和交流群求助，这种情况是最容易被市场上图谋不轨的人蒙骗的。

上升三法

在股价上涨的过程中，突然在某一天拉出一根上涨的大阳线，但是在接下来的三天里股价却没有延续收出大阳线那天的强势继续走高，而是出现了回落，并且连续三天都收出了阴线的走势。在这三天里股价虽然出现了下跌，但是股价却一直是在之前收出的那根大阳线之内运行的，并且收出三根阴线之后的第四天，股价又突然出现走强，截至收盘时收出一根上涨的大阳线，而且收出的这根大阳线将前面收出的三根阴线实体全部覆盖掉了。这种现象我们称为“上升三法”（图4–8）。

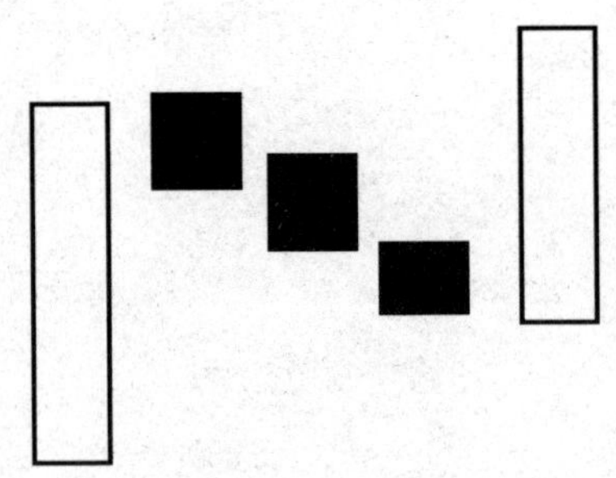

图4–8 上升三法

值得注意的是，在收出三根阴线的过程中成交量呈现出萎缩的状态，在这三天里，盘中很少有主动性的卖盘出现。在标准的上升三法中所收出来的K线是不带上下阴线的。

2012年12月14日到12月24日，中航资本（600705）出现上升三法形态，投资者应注意及时买入，之后该股持续大涨（图4-9）。

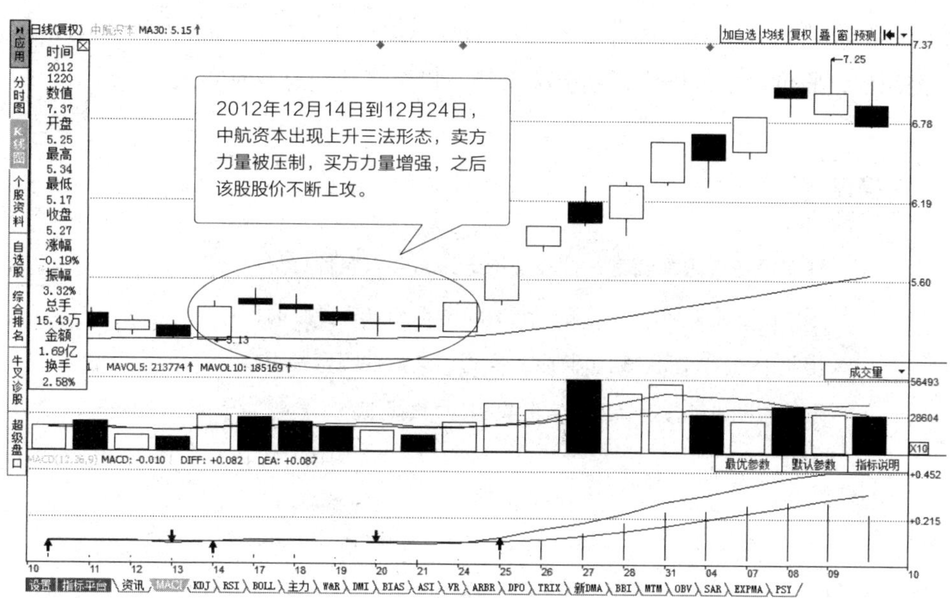

图4-9 上升三法K线图

上升三法的形成过程可以看出，虽然股价出现了连续三天的回落，但是在股价回落的过程中空方的动力并不是很足，而且紧接着多方就迅速起来反击，并最终夺回了主导权，这预示着后市股价将会继续向上运行。下面结合实际案例来进行详细分析讲解。

第一，股价运行到半年线附近时就出现了上升三法的走势。收出这种形态之后，股价虽然没有立刻向上拉升，但在经过两天的小幅回落后就开始逐步向上攀升，并一举突破了半年线的阻力，从而走出了一波快速拉升的行情。

第二，在上涨过程中收出连续回落的三根阴线，接下来的第四天就快速拉出一根大阳线从而形成上升三法的形态，随后股价就进入加速上涨的通道。出现上升三法之前，股价一直处于上升通道中，而且在之前的几天里股价出现了一段加速拉升的过程，关键是此时股价的上涨幅度并不是很大，可

以排除庄家故意拉高股价来出货。这样的中途上升三法时，可以买进。

总的来说，上升三部曲表明下跌动能只是昙花一现，上涨动能再次夺取控制权，股价接下来仍会延续上涨走势，投资者要注意及时买入。

操盘金言

许多投资者因看到某一种技术指标符合买入条件、某一根K线出现突破信号、某一个市场消息利好等便临时做出买入决定，而忽略了背后的或周边的其他因素是否会影响短期走势，当看到事实的真相却为时已晚。

早晨之星

股价在处于长期下跌的过程中运行时，突然在某一天出现向下跳空低开的形态，开盘之后股价就出现了震荡，收盘价要低于前一天的收盘价。但在接下来的第二天，股价却出现了向上跳空高开的局面，开盘之后出现震荡走高甚至是一路走高，收盘时收出一根上涨的阳线，这种走势形态称之为“早晨之星”（图4-10）。

早晨之星又称希望之星，形态出现在下跌途中，由三根K线组成。第一根是阴线，第二根是十字线或十字星（阴阳十字星均可），第三根是阳线，且第三根K线实体深入到第一根K线实体之内。

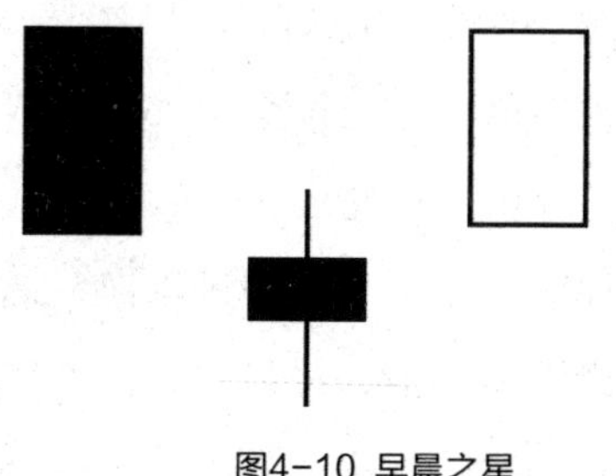

图4-10 早晨之星

早晨之星形态表明上涨动能在经过十字线的搏斗之后已经战胜了下跌动能，后市看涨。投资者一旦发现该形态，要注意及时买入。

2014年3月11日，招商银行（600036）在经过一波下跌之后，在底部出

现早晨之星形态，表明市场上涨动能已经占据优势，后市将很有可能出现一波上涨走势，投资者可以积极买入。之后该股顺利突破30日均线并持续上涨（图4-11）。

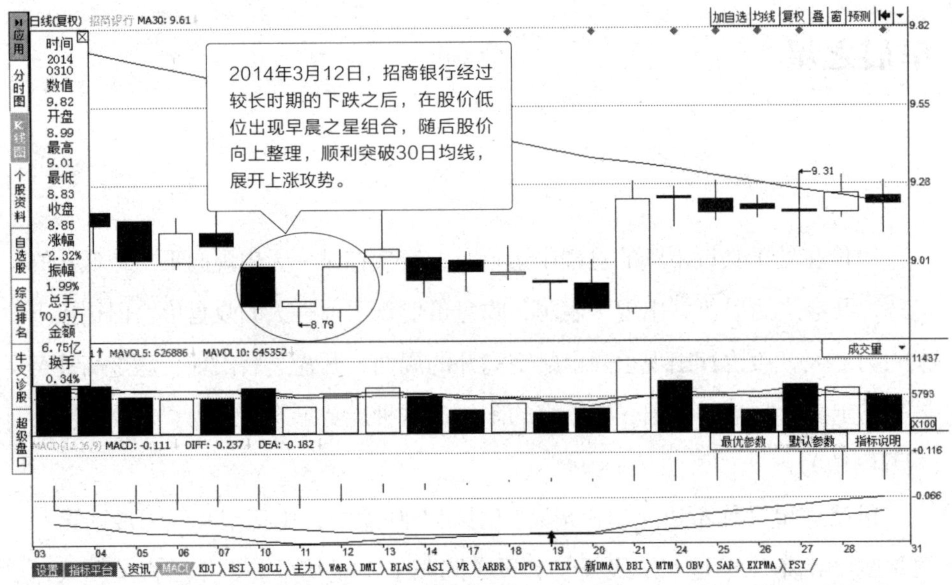

图4-11 早晨之星K线图

实际上，早晨之星形态中间的K线除了十字线、十字星之外，还可以是小阴小阳线、锤头线等，有的书中可能会另外将其取名介绍，其本质上是一样的，只不过早晨之星的看涨意义更强一点而已。

一般而言，在下跌途中，主力还未出逃干净，通常会制造一个早晨之星组合的反转假象来诱惑投资者接盘，一旦主力出逃完毕，则往往会出现快速下跌的情况。对于投资者而言，如果想要准确识别早晨之星反转形态是否为主力制造的陷阱，可以重点考虑以下几点：

第一，股价的整体位置。如果股价前期下跌幅度较大，已经严重超跌，早晨之星组合成为反转信号的可能性比较大。如果在下跌途中，下跌动能还没有得到有效释放，则很可能是诱多陷阱，短暂反弹后将重归跌势。

第二，成交量的变化。如果下跌的时候无量，上涨的时候放量，这样的早晨之星组合反转应更可靠，反转的成功率更高。如果反弹没有成交量的配合，则更可能是陷阱。

第三，需要后市确认，如果是陷阱则很快会滞涨，然后反转下跌。

操盘金言

俗话说“买进容易卖出难”，往往投资者在看好的技术信号时买进，当预期走势没有成立时，由某种因素导致技术图形被破坏。此时如果不严格按照技术条件去执行，其后果不堪设想。很多投资者由浅套到深套，就是因为拖延了短期有效的技术。

黑三鸦

在股价经过一轮大幅度的上涨，特别是在高位区域股价走出一波加速的拉升后，紧跟着买方的动能就出现了衰竭，股价随后就出现了明显的滞涨现象。在股价滞涨的过程中不断有主动性的卖盘抛出，但在大部分情况下，这些抛盘不会蜂拥而出，而是会逐步向外抛售。因此，股价在这个过程中出现逐步的回落，收盘时收出一根下跌的阴线，并且在接下来的两天里股价继续出现下跌，最终收出三根逐步下跌的阴线形态。这种组合形态就叫作“黑三鸦”（图4-12）。

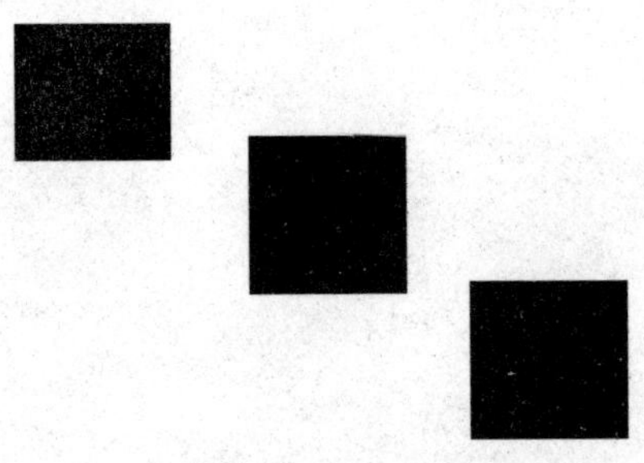

图4-12 黑三鸦

传统观念中认为乌鸦是不祥之物，黑三鸦出现预示着后市看跌意味深重。投资者要注意及时出场。投资者需要注意的一点是，事后看来，黑三鸦大多出现在下跌趋势启动之初。在实际操盘过程中，尤其要注意股价高位出现的黑三鸦。

2013年1月30日，民丰特纸（600235）突然出现天量涨停走势，但接下来的三个交易日里却形成了看跌意味浓厚的黑三鸦形态，投资者应注意及时卖出该股。之后该股跌破30日均线（图4-13）。

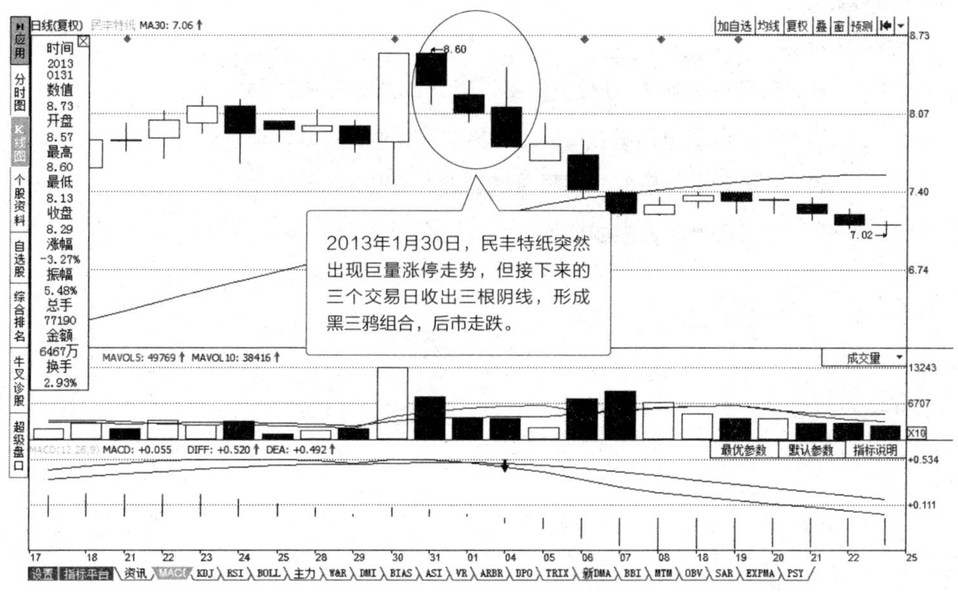

图4-13 黑三鸦K线图

通常来讲，连续三阴线的下降幅度并不是很大，然而也足以对投资者的心理产生影响。因此，连续三阴线也经常被主力用来制造诱空陷阱，营造惨淡的市场气氛，逼迫投资者交出廉价的筹码。对于投资者来讲，如果想要判断连续三阴线是否为主力制造的陷阱，可以从以下几点入手：

第一，关注股价整体位置。大幅下跌之后出现的黑三鸦，通常是最后一跌，完成后股价往往会很快反转。在大幅上涨后出现的黑三鸦则很可能是股价反转下跌，后市应该还有较大跌幅。

第二，关注成交量。洗盘的黑三鸦通常成交量明显萎缩，说明主力并未出逃。反转信号的黑三鸦不一定放量，但前后应该有异常的成交量放大现象。

第三，关注后市的走势。需要强调的是，黑三鸦发生下跌趋势中才有真正的指导作用，如果是上升大趋势中出现黑三鸦，往往很快就恢复上涨走势，这就说明黑三鸦是正常的调整而已。

操盘金言

黑三鸦有时会被主力用于砸盘，以达到清洗筹码的目的。上升过程中，主力在某个价格大幅度抛空股票，造成下跌假象，引诱散户和跟风者卖出。不过多数时候，黑三鸦都会出现在主力出货之后。

空方炮

当股价处于明显的上升通道中运行时，突然在某一天里股价出现走弱，收盘时收出一根阴线的走势。但是在第二天股价重收升势，盘中买盘明显增强，第二天收盘时股价收出一根上涨的阳线。而紧接着的第三天股价并没有延续前一天的升势，而是出现了下跌并最终以阴线报收，从而在这三天里形成了两根阴线和一根阳线的走势，并且这根阳线是被这两根阴线所包围着的，这种“两阴夹一阳”的组合被称为“空方炮”（图4-14）。

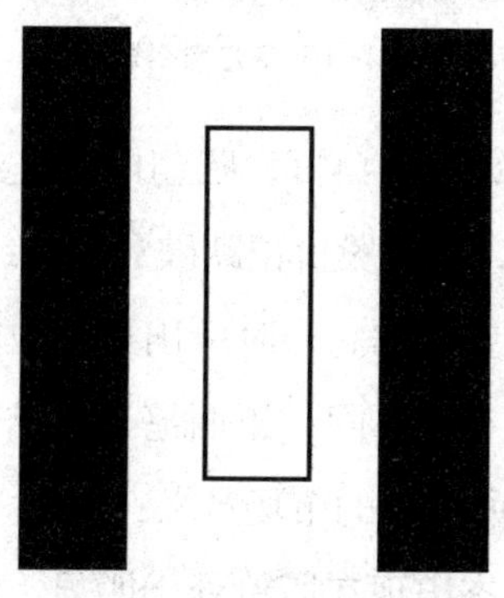

图4-14 空方炮

这种形态比较常见，往往出现在股价上涨的中途或者出现在股价处于明显的下跌通道中，也会出现在股价经过长期上涨之后的高位区域。它出现在股价运行到不同位置时它所代表的市场意义也会有所不同，因此也是

投资者必须掌握的形态之一。值得注意的是，在标准的空方炮中，其中的阳线实体全部被前后两根阴线的实体所覆盖掉，但这三根K线都可以带有上下影线。

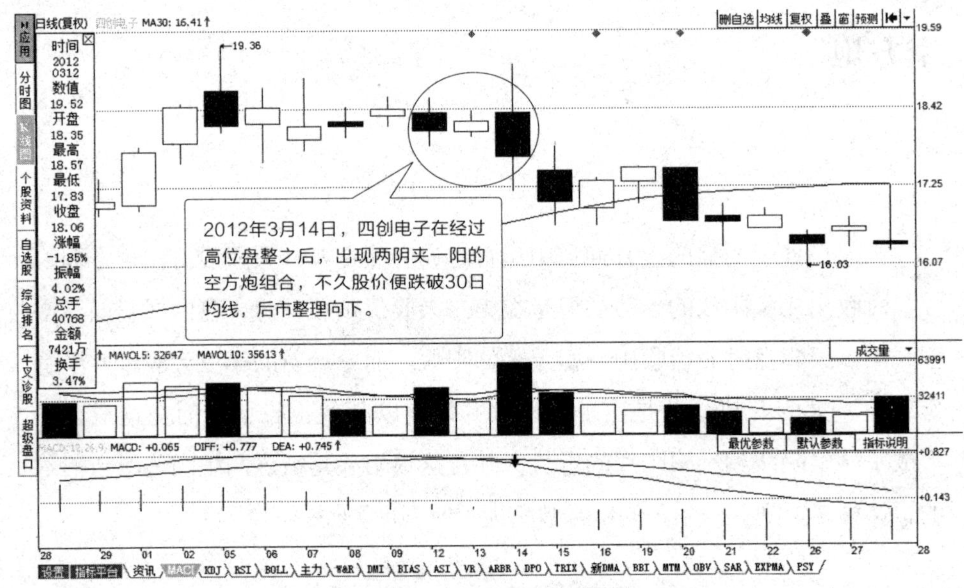

图4-15 空方炮K线图

如图4-15所示，2012年3月14日，四创电子在经过高位盘整之后，出现两阴夹一阳的空方炮组合，不久股价便跌破30日均线，后市整理向下。

这种形态的市场意义要根据它当时所出现的位置而定，出现在不同位置时所代表的市场意义也会有所不同，下面笔者将结合实际案例给大家讲解这种形态出现在不同位置时所代表的市场意义：

第一，当空方炮的形态出现在股价处于明显下跌的通道中时，虽然在收出阳线当天盘中出现了反弹，但是这种反弹力度非常有限，只要接下来买方不能及时出来反击，那么后市股价必将会出现继续下跌。

第二，当空方炮的形态出现在股价处于明显上升通道中途时，则往往是庄家洗盘所导致的，洗盘结束后股价将会继续向上运行。

第三，当空方炮的形态出现在股价经过长期上涨的高位区域时就要特别小心，这往往是庄家出货所导致的，后市股价出现下跌的可能性相当大。

操盘金言

许多投资者在买进前和买进时只看利润空间而不做风险评估，一旦市场转变必将措手不及，直到后面亏损时才会注意到风险的严重性，到那时再后悔已于事无补。

下降三法

在股价下跌的过程中，突然在某一天拉出一根大阴线的走势，但在接下来的几天里股价却没有出现继续下跌，在第二天反而出现了回升。在回升的过程中买盘并不很积极，收盘时收出了一个上涨的小阳线，并且在连续三天里都出现了这种走势，连续三天收出上涨的阳线，不过收出的这三根阳线的实体部分基本都处于前面出现的那根大阴线的实体之内，同时成交量也没有出现明显放大。在连续出现三根上涨的阳线之后股价却并没有出现走强，而是在接下来的第四天大幅度高开之后就一路走低，收盘时收出一根下跌的大阴线，这根大阴线的实体都分将前面收出的三根阳线的实体部分全部覆盖掉了。这种形态就是“下降三法”（图4–16）。

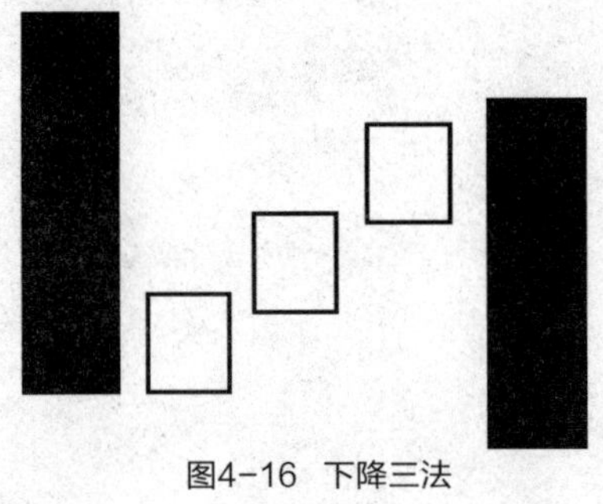

图4–16　下降三法

下降三法出现在股价下跌途中，由大小不等的五根K线组成。这五根K线中，第一根K线为大阴线或中阴线，接下来三根为小阳线（也可以有多根，也可以是小阴小阳线）都没有向上突破前面第一根阴线的开盘价，之后出现了一根大阴线或中阴线，且其收盘价要低于第一根阴线的收盘价。

下降三法表明上涨动能只是昙花一现，空方再次夺取控制权，股价接下来仍会延续下跌走势。投资者要注意持币观望，不要随便入场。

从2012年11月8日到11月26日，天通股份（600330）出现下降三法形态，投资者要注意及时卖出。之后该股持续大跌（图4-17）。

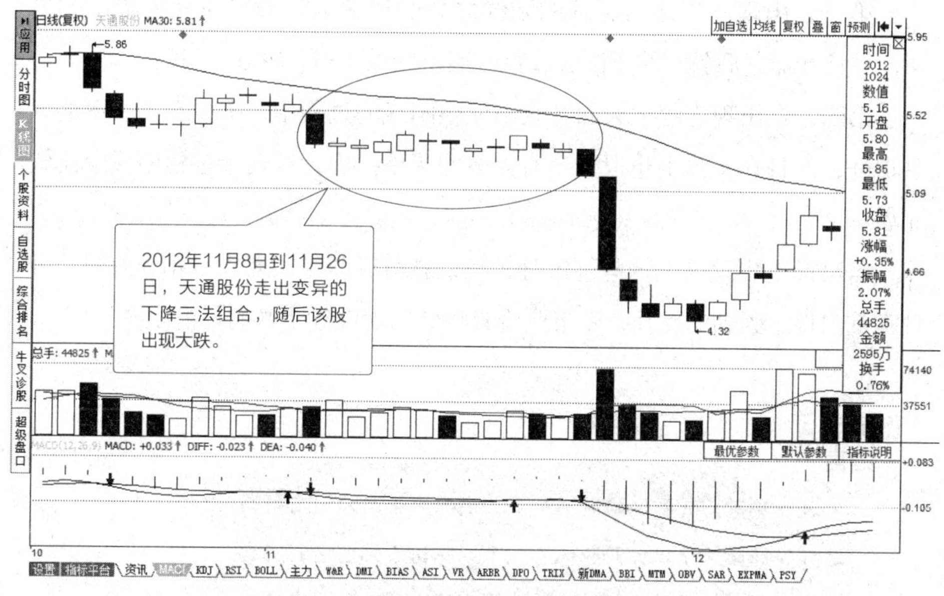

图4-17 下降三法K线图

常规的下降三法是一种看跌的信号。虽然在形成的过程中出现了连续三天的回升并且收出三根上涨的小阳线，但是上涨的动力非常有限。最关键的是在收出三根小阳线之后，股价就出现了大幅度的走低，最终将前面三天买方的收获全部一网打尽，从这一点上就可以看出做空动能的强大，而且在这个过程中买方基本上没起来反击，已经完全放弃抵抗。因此，在股价下跌过程中出现下跌三法之后，股价将会继续向下运行，有时甚至还会出现加速下跌的行情。

对于下降三法，投资者应掌握一些基本的要点：

第一，在出现下跌三法时，股价处于明显的下跌通道中，而且之前没有任何的止跌迹象。

第二，在下跌三法中三根阳线的形成过程中，股价的上涨幅度并不大，而且在这个过程中买盘不是很积极。三天的回升过程中，股价基本上都处于10日均线之下运行。

第三，出现三根连续回升的阳线之后的第四天，股价出现大幅度的高开，并且开盘之后就一路下跌，收盘时股价跌破了5日均线的支撑。

第四，在出现连续三天回升收出三根阳线的过程中，很少有大手笔的大单吃进，而且在买盘上也很少会有大笔的买单挂出，在这个过程中成交比较清淡。

当盘面上出现以上这些迹象时，我们就可以断定买盘力量相当有限，并且卖方出现了强劲的反扑，后市股价必将会出现继续下跌的行情。

操盘金言

在交易前应先看风险后看利润，机会大于风险时方可操作，风险大于机会时应休息。市场具有不确定性时应观察，虽然市场风险和机会是成正比的，但也有不少情况是小风险产生大利润，或是高风险带来高利润。

常见K线集群形态的分析

K线形态类分析方法以技术分析领域的三大命题之一“历史往往会重演”为依据，通过解读、分析当前市场中的价格运行形态，并将其比照常见的顶部、底部、中继整理等形态，以此来预测价格的后期走势。需要特别提醒的是，切不可按图索骥，如果出现了某个非常完美的形态，切记要提高警惕，因为有些形态是庄家做出来的。

整理形态：三角形

在股市中，市场因为多空对峙，在短期达到一种平衡，这时在技术形态上往往表现为箱体平台形态、旗形形态或三角形形态。三角形形态最主要的特征是：在急速上涨或者下跌之后波动的幅度逐步减小，之后将选择新的运行方向。

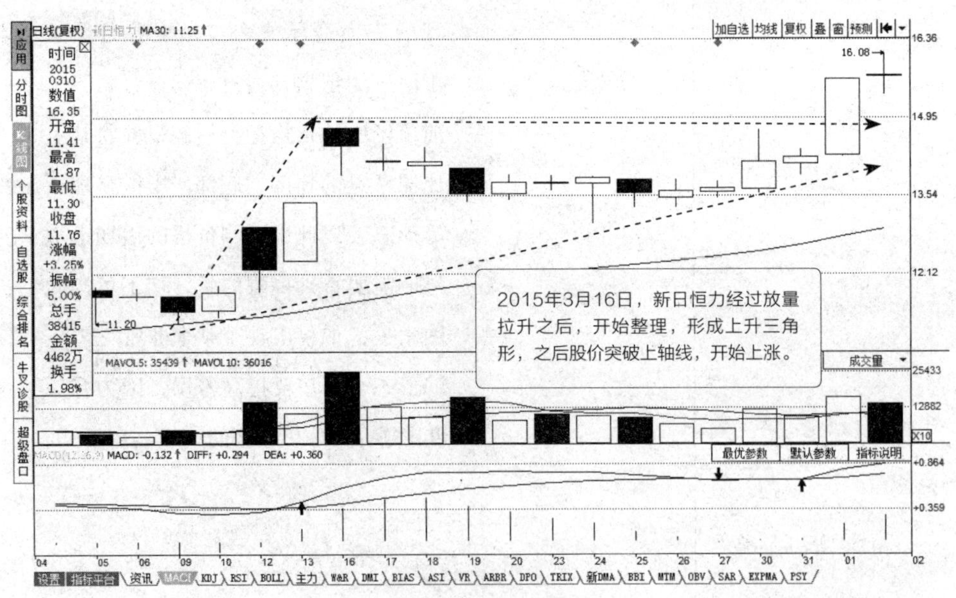

图5-1 上升三角形

1. 上升三角形。股价每次上升时，到了一定价位就遭到抛压，迫使股价下行，但由于市场看好该股，逢低吸纳的人很多，因此，股价没有跌到上次的低点就开始弹升，致使下探低点越来越高。如将每一次短期波动的高点用直线连起来，再将每一次短期波动的低点也用直线连起来，就构成了上升三角形（图5-1）。

通常来讲，上升三角形在形成过程中成交量会不断减少。上升三角形是多空双方实力较量的结果，上升三角形到最后都会选择向上突破。但是必须指出的是，上升三角形向上突破时，一般都带有较大的成交量，没有比较大的成交量就往上突破，则很可能是假突破，投资者不可贸然加入。

注意，上升三角形越早往上突破，则后劲越足，那些迟迟不能突破的上升三角形，很可能是主力悄悄出货而故意为中小散户设置的多头陷阱。如果一旦主力达到目的，在他们出货完毕后，上升三角形非但不会往上突破，而极有可能演化成“双顶”形态，股价下跌就不可避免，对此务必要提高警惕。

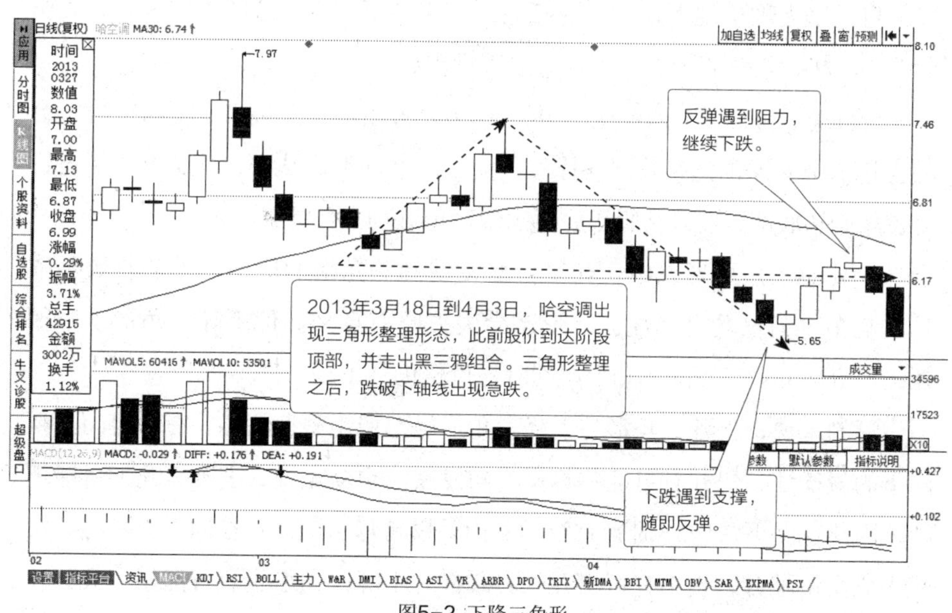

图5-2 下降三角形

多数情况下，上升三角形形态是出现在股价的长期上升趋势中，出现上升三角形后，股价一般是向上突破的。少数情况下，上升三角形也会以顶部

或底部反转形态出现。如果上升三角形是出现在股价高位（以涨幅超过70%以上为准），则标志着股价顶部的形态完成，紧接着股票将可能开始一轮较大的下跌行情；下跌情况则与之相反。

2. 下降三角形。一般而言，股价在下跌过程中，每一次下跌到某一价位便反弹，各个低点连起来成一水平线，每次反弹的高点逐渐下移，各高点连线形成了一条下降趋势线，它与水平线形成交叉，构成一个向下倾斜的直角三角形，这就是下降三角形（图5-2）。

下降三角形属于整理形态，其走势的最终方向将是股价下降。下降三角形的准确度较高，很少出现失败的情况，在实战中不能因为其暂时止跌的效应，而贸然认定底部形成，从而错失逃命良机。

下降三角形尾端向下突破时，股价继续下跌，多头无法有效凝聚力量，股价可以毫无理由地下跌。下降三角形在突破下部水平线的支撑线时为卖出股票的时机，投资者要充分抓住时机离场出局。

要注意，在下降三角形形态内，许多投资者在未跌破水平支撑位时，会以为其水平支撑位为有效强支撑位，而当作底部形态认可，其实这种形态不可贸然确认底部，要等待真正底部出现时再进场。

在其他三角形形态中，如果价格发展到三角形的尾端仍无法有效突破时，其多空力量均已消耗完，形态会失去原有意义。但下降三角形是个例外，当价格发展至下降三角形尾端时，价格仍会下跌。

总的来说，上升三角形与下降三角形虽然属于整理形态，有一般向上或向下的规律性，但亦有可能朝相反方向发展。也就是说，上升三角形可能下跌，因此在向下跌破3%时，宜暂时卖出，以待形势明朗；在向上突破时，没有大成交量配合，也不宜贸然介入。同样，下降三角形也有可能向上突破，这里若有大成交量则可证实。

另外，在向下跌破时，若出现回升，则观察其是否受阻于底线水平之下，在底线之下是假性回升，若突破底线3%，则图形失败。

在实际操作中，有的投资者对三角形的外部形态特征过于执着，因此，在判断上升三角形和下降三角形时会有误判。实际上，上升和下降三角形的根本判断可以依据原本的大趋势来进行，其准确率往往较高。

一般而言，在大的上升通道中，如果趋势是不断向上的，此时如果出现了三角形形态，之后最终选择的方向还是向上；如果是趋势向下过程中出现的三角形形态，则最终会选择下行。

操盘金言

一般来说，整理形态的幅度、位置、成交量决定了其可操作性。通常情况下，大多数的整理形态波动较小，没有操作价值，所以投资者不适合在整理期介入。等待整理结束，重新选择方向后操作是较安全的。

整理形态：旗形

旗形形态是一个中继形态，即趋势运行中的一种整理形态。旗形的主要成因在于市场按照原有趋势急速运行之后，股价走势受到了相反力量的抵抗，一般可以分为上升旗形与下降旗形两种形态。

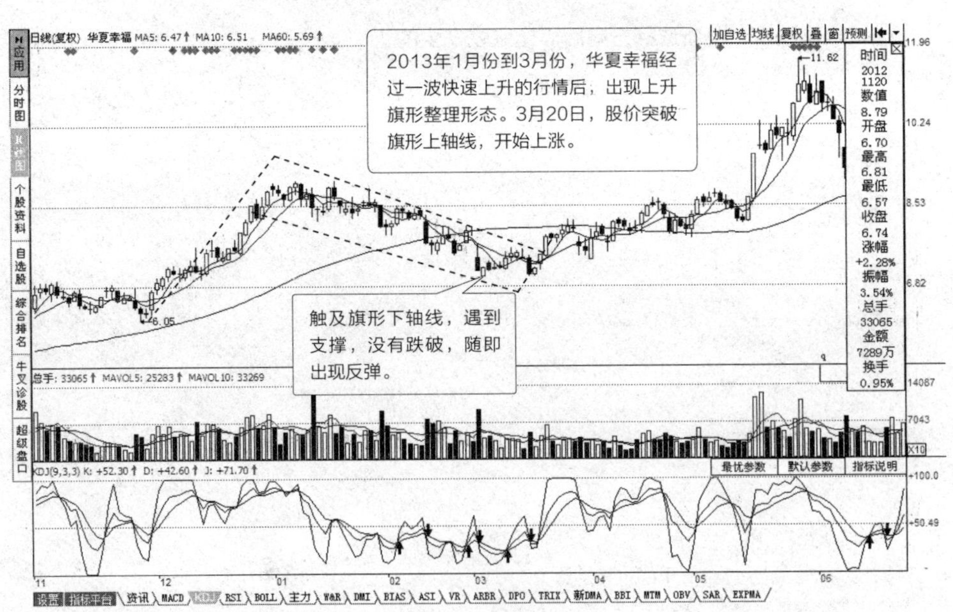

图5-3 上升旗形

1. 上升旗形。所谓上升旗形，是在股价经过快速而陡峭的上升之后形成旗杆，然后进入调整而形成一个股价波动紧密、狭窄和稍微向下倾斜的价格密集区，把这个密集区的高点和低点分别连接起来，便可画出两条平行而下倾的直线，这就是上升旗形（图5-3）。

从图形看，上升旗形内一波比一波低，空头力量占上风，但最后多头力挽狂澜，使股价突破旗形的上界线，继续展开另一段上升行情。

投资者需要注意：①旗形整理的时间不宜过长，长于三周的整理值得警惕，很有可能原先的上升趋势已打破，还有可能出现继续下跌。②上升旗形一旦放量向上突破旗形的上边压力线是最佳买入时机，上升将又开始。止损点可设在旗形的下边支撑线被跌破时。

需要说明的是，旗形是一个趋势中途整理形态，一般不会改变原有的趋势运行，但上升旗形往往说明原有上升趋势已进入到了后半段，投资者要预防最后一升之后的转势。

2. 下降旗形。所谓下降旗形，是在价格出现急速或垂直的下跌后，接着形成一个波动狭窄而紧密、稍微上倾的价格密集区像一条上升通道，这就是下降旗形（图5-4）。

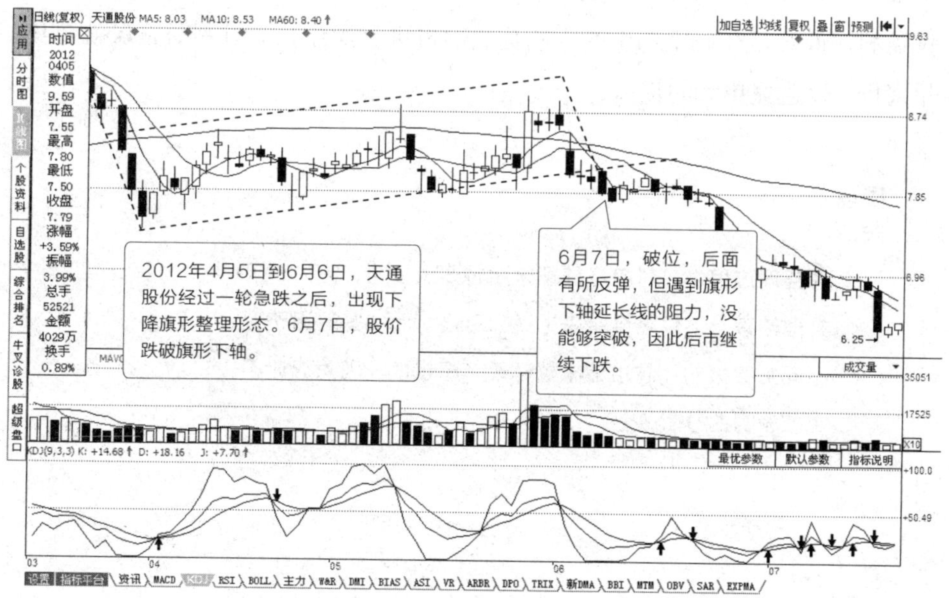

图5-4 下降旗形

从图形上看，下跌旗形内一波比一波高，多头力量居主动，最后空头全力打压，使股价突破盘局的下边界，继续展开另一段下跌行情。

在具体应用的时候，投资者应把握以下几点：

第一，下降旗形大多在熊市第一期出现，该形态显示大市可能做垂直的下跌，因此这阶段中形成的旗形十分细小，可能在三四个交易日内完成。如果在熊市第三期中出现，旗形形成的时间需要较长，而且跌破后只做有限度的下跌。

第二，下降旗形是股价长期下降通道中途的一种短期抵抗整理形态，因此，旗形整理的出现，可能是投资者卖出股票的一次机会。通常情况下，空仓的投资者应以观望为主，尽量不做短线，更不宜做中长线投资。已经买入或套牢的投资者应抓住这次整理机会，趁早逢高卖出股票，这是下降旗形的应用要点。

第三，投资者在下降旗形整理形态形成后，不可轻易建仓。与任何技术形态分析一样，即使旗形形态得以确认，也不能保证可以获利。投资者要确保盈利，最好是在确定向上的大趋势之后再进行操作，一旦判断错误就要及早离场，以避免更大的损失。

操盘金言

在整理过程中，越接近整理末期越要少参与，因为一旦整理结束，下跌将会带来迅速的亏损。而那些迟迟整理不向上突破的，越接近末端越要考虑止损，因为迟迟不突破表明主力在做空。

整理形态：矩形

作为整理形态的一种，矩形形态在实战中出现的概率是比较大的。矩形形态又叫箱形整理、箱体震荡，一般出现在股价横盘震荡的阶段。将股价横盘时出现的两个最高点用直线连接，再将两个最低点用直线连接，若这两条直线相平行，即构成矩形形态。

矩形形态形成之后，股价的运行方向会有两种选择，一种是向上突破（图5-5），另一种是向下突破（图5-6）。

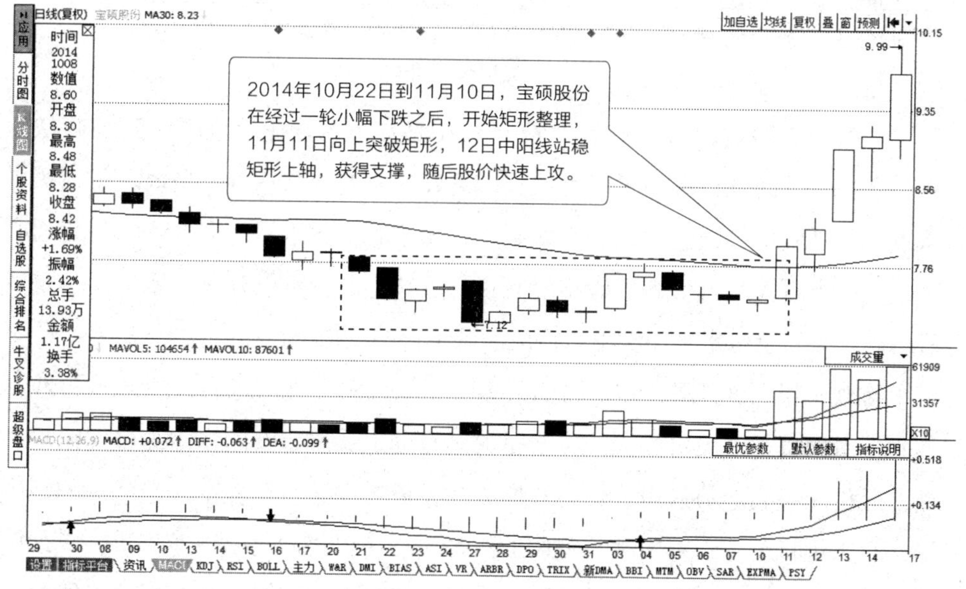

图5-5 向上突破的矩形

矩形是一种整理形态，整理的结果是往上还是往下，需要根据当时多空力量对比而定，在矩形形态形成过程中没有最后朝一个方向有效突破时，谁也不能妄下结论。

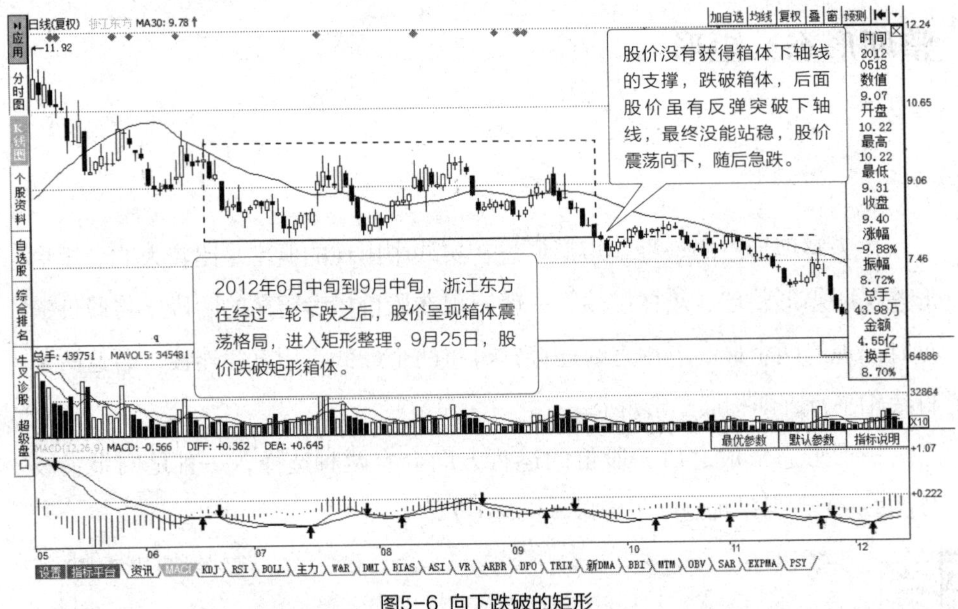

图5-6 向下跌破的矩形

矩形形态明显告诉投资者，看好看淡双方的力量在该范围达到均衡状态，在这段时间谁也占不了谁的便宜。看好的一方认为其价位是很理想的买入点，于是股价每回落到该水平即买入，形成了一条水平的需求线。与此同时，另一批看淡的投资者对股市没有信心，认为股价难以升越其水平，于是股价回升至该价位水平便卖出，形成一条平行的供给线。

客观来讲，矩形形态与其他整理形态的有所区别，矩形的两条趋势线与水平方向平行，股价构成一个水平的运行通道，表示其间多空力量对比均衡。股价在突破趋势线后，仍将按原来的发展方向运行。在上升趋势中的矩形，后市仍将上涨；在下跌趋势中的矩形，后市仍将回落。一般来讲，矩形的成交量为由左到右逐渐递减。股价在向下突破趋势线时，成交量会有所放大；股价在向上突破趋势线时，成交量急剧放大。

事实上，矩形形态给投资者提供了一些短线操作机会，在股价回落至支撑线时买入，股价上升到压力线时卖出，矩形的宽度越宽，则差价越大。但是，在做这种短线操作时要注意两点：一是矩形的上下界线相距要较远，二是一旦矩形形成有效突破则需要审慎决策，即在上升趋势中，矩形带量向上突破盘局时则要坚决捂股待涨，而在下降趋势中，矩形向下突破时，则要尽快止损离场。

记住，股价在矩形范围上下运动时最好不要进入，要经得住诱惑。有时股价在箱体震荡，碰到长条形下边线往上弹升时，会出现连拉数阳、价升量增的现象，如果这时买进，你就会发现，股价碰到上边线就会回落。因此，只要股价没有突破矩形形态的上边线，就没有必要买入。如果股价在矩形整理后往下突破下边线，持股者应果断清仓出局。

操盘金言

矩形整理形态是短线投资者最喜欢的一种形态，低进高出可来回几趟。因此，箱体震荡格局初具规模的时候，投资者如果能够及时确认是矩形整理形态的走势，那么在交易过程中只要把握高则卖、低则买原则，便能够轻易获利。

整理形态：楔形

楔形形态属于短期内的调整形态，其形成原因为价格前期有一段“急行军”，价格波动幅度大，而且角度接近垂直，多方或空方经过一段冲刺后，价格在短期内呈反向小幅回调，形成楔形。楔形形态可以分为上升楔形与下降楔形。

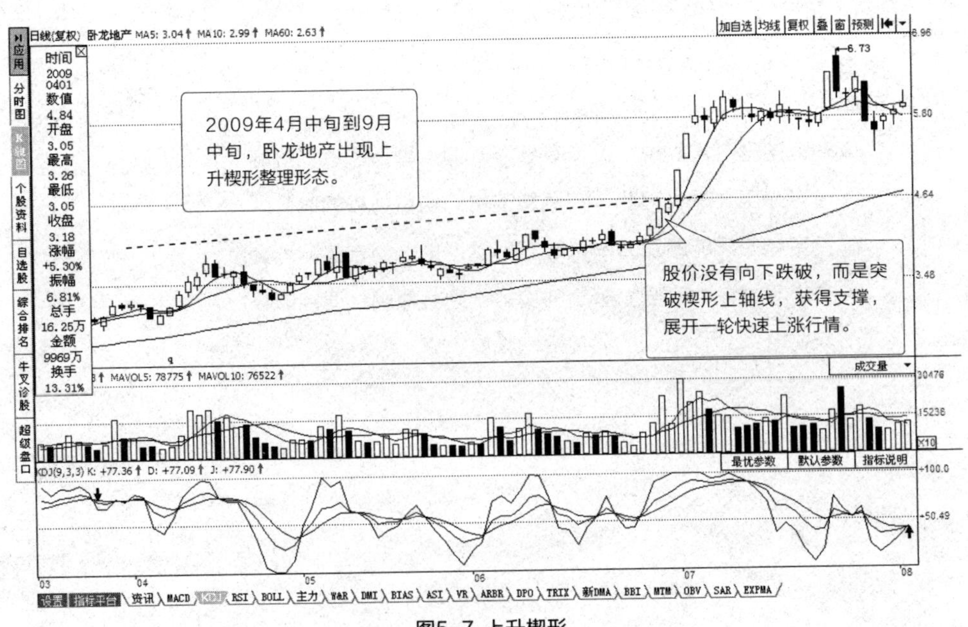

图5-7 上升楔形

1. 上升楔形。一般而言，上升楔形出现在股价经过一段比较急促的跌势后，股价开始反弹，当股价反弹至一定高度后开始掉头回落，但回落点比前期低点高，然后又升至新的高点，再回落，再上升，如此反复，在总体上形成短暂的一浪高于一浪的势头。如果把这些短期高点相连则形成一条向上倾斜的直线，把低点连接也形成一条向上倾斜的直线，而且两者呈收敛之势，这就是上升楔形（图5–7）。高点连成的直线为楔形的压力线，低点连接而成的直线为楔形的支撑线。

大多数情况下，上升楔形是出现在股价下降途中的中继整理形态，但少数情况下楔形也会以底部形态出现。如果上升楔形是出现在股价的低位（以跌幅超过10%为准），则标志着股价底部形态的完成，紧接着股票可能开始一轮较大的反弹行情。

不过，当上升楔形有效跌破形态支撑线后，往往会出现一波急剧下跌的行情，此时投资者就需要及时卖出股票，离场观望。此外，需要指出的一点是，由于上升楔形形态大多出现在股价长期下跌的途中，而它的整理方向却是向上的，因此，这种形态具有一定的欺骗性，投资者遇到上升楔形整理形态时一定要谨慎。

2. 下降楔形。一般出现在长期升势的中途。通常情况下，股价经过一段大幅上升后，出现技术性回抽，股价从高点回落，跌至某一低点即掉头回升，但回升高点较前次为低，随后的回落创出新低点，即比上次回落低点低，形成后浪低于前浪之势。把短期高点和短期低点分别相连，形成两条同时向下倾斜直线，组成了一个下倾的楔形，这就是所谓的下降楔形形态（图5–8）。

在实战中，下降楔形通常在中长期升市的回落调整阶段中出现。下降楔形的出现告诉投资者升市尚未见顶，这仅是股价上升后的正常调整现象。一般来说，形态大多是向上突破，当其突破上限阻力时，就是一个买入信号。而且，下降楔形的最佳买点为突破上边线和突破之后反抽接近于上边线之时。值得投资者注意的是：从实战的经验统计，下降楔形向上突破与向下突破的比例为7∶3。从时间上看，如果下降楔形持续时间超过三四个星期，那么向下突破的可能性就会增大。

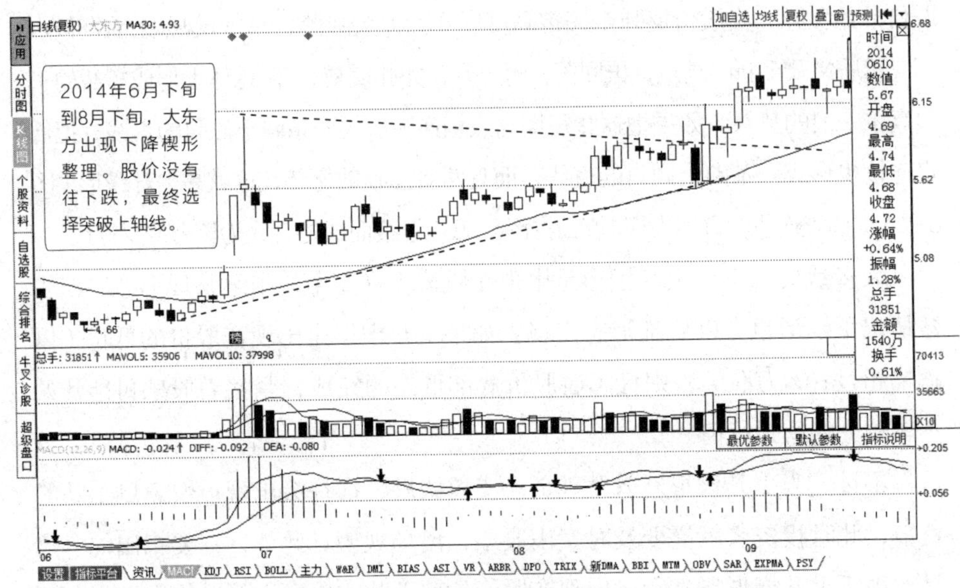

图5-8 下降楔形

需要指出的是，下降楔形与上升楔形的不同之处在于，下降楔形在价格发生突破后，不会像上升楔形一样快速变化，下降楔形价格突破后多半形成圆弧底的形态，价格缓步上升。实际上，上升楔形与下降楔形都是价格的停顿走势，为涨多或跌多所做的休息，因此，之后的趋势不变。

操盘金言

股票持有者的心态和市场的气氛不同，会产生各种不同形状的整理形态：在卖出压力不是很强的时候往往容易形成矩形整理形态、上升三角形形态等。当市场抛压较大时，容易形成楔形形态、旗形形态等。可以说，每一种形态后面都反映出不同的市场气氛和投资人的心态。

反转形态：头肩顶和头肩底

头肩顶和头肩底是最为常见的反转形态，头肩顶跟随上升市而行是一种见顶信号，一旦头肩顶确认，下跌幅度可以很大，其逆转杀伤力远高于其他逆转形态，股价或指数的升势将转为跌势；而头肩底是一种见底信号，一旦形态确认，将化跌势为涨势。

1. 头肩顶形态。一般通过连续的起落构成该形态的三个部分，出现的三个局部高点中，中间的高点比另外两个都高，称为头，左右两个相对较低的高点称为肩（图5-9）。

在实际操作中，头肩顶是一个不容易忽视的技术性走势，从该形态可以观察到多空双方的激烈争夺情况，行情升后下跌，再上升再跌，多方最后完全放弃，空方完全控制市场。在头肩顶形态的实际应用中，投资者需要把握以下几点：

第一，这是一个长期性趋势的转向形态，通常会在牛市的尽头出现。

第二，一旦头肩顶形态完成，投资者就应该相信图上所表示的意义。

第三，当最近的一个高点的成交量较前一个高点为低时，就暗示了头肩顶出现的可能性。当第三次回升价格没法升抵上次高点，成交继续下降时，有经验的投资者就会把握机会卖出。

第四，如果头肩顶形态确定，从图上头部的顶端画一条垂直于颈线的线段，然后再从右肩完成后突破颈线的那一点开始向下量出同样的长度，则这段价格距离是股价将要下跌的最小距离。也就是说，股价至少要跌完所测量之差价方有再反转上升的可能。

第五，当头肩顶颈线被击破时，就是一个真正的卖出信号。虽然价格和最高点比较，已回落了相当的幅度，但跌势只是刚刚开始，未卖出的投资者应继续卖出。

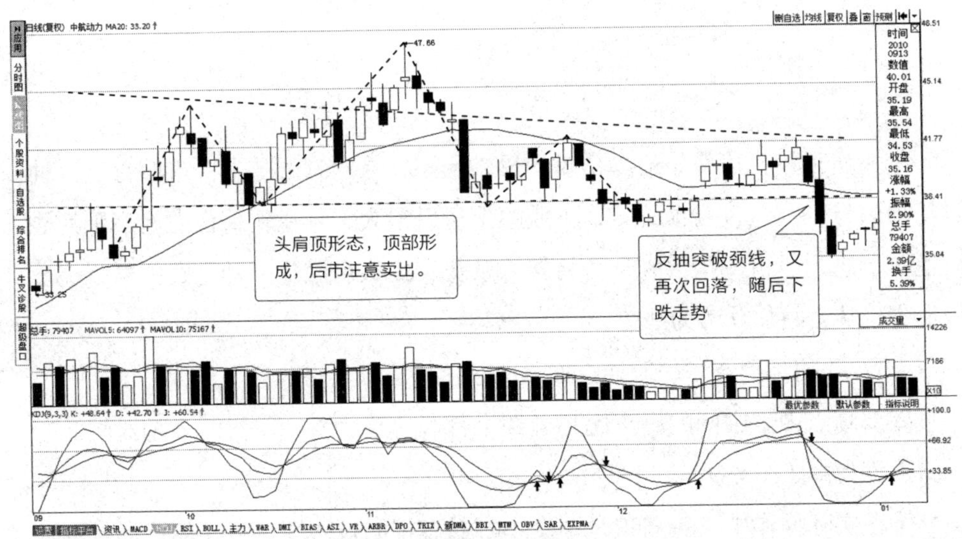

图5-9 头肩顶

事实上，头肩顶形态是道氏理论或趋势理论的具体应用。在头部形成以前，其高点不断被刷新，而低点不断被提升；在头部形成以后，其反弹高点不断降低，而低点也不断被刷新。所以，头肩顶形态是上升趋势和下降趋势紧密结合的范例，只是由于支撑线或压力线的作用，使其显得比较对称而已。需要指出的一点是，头肩顶形态在实际的K线图中不一定非常标准，大致相同就基本可以认定了。

对于投资者而言，在实际操作中还应对以下几点予以关注：

第一，左肩和右肩的高点大致相等，部分头肩顶的右肩较左肩为低。

第二，如果其颈线向下倾斜，显示市场非常疲乏无力。

第三，成交量方面，左肩最大，头部次之，而右肩最少。不过，根据有关统计大约1/3情况下头肩顶左肩成交量较头部为多，1/3情况下两者的成交量大致相等，1/3情况下头部的成交量大于左肩的成交量。

第四，在跌破颈线后可能会出现暂时性的回抽，此情形通常会在低成交量的跌破时出现。不过，暂时回抽高度应不会超过颈线水平。

第五，假如价格最后在颈线水平回升，而且高于头部，或是价格于跌破颈线后回升高于颈线，这就是一个失败的头肩顶。

总而言之，当某一股价形成头肩顶雏形时，投资者就要给予高度警惕。这时股价虽然还没有突破颈线，但可先卖出手中的一些筹码，将仓位减轻，日后一旦发觉股价跌破颈线，就将手中剩余的股票全部卖出，退出观望。头肩顶对多方杀伤力度的大小，与其形成时间长短成正比。因此，投资者不能只看日K线图，对周K线图、月K线图中出现的头肩顶更要高度重视。如果周K线图、月K线图形成头肩顶走势，说明该股中长期走势已经转弱，股价将会出现一个较长时间的跌势。

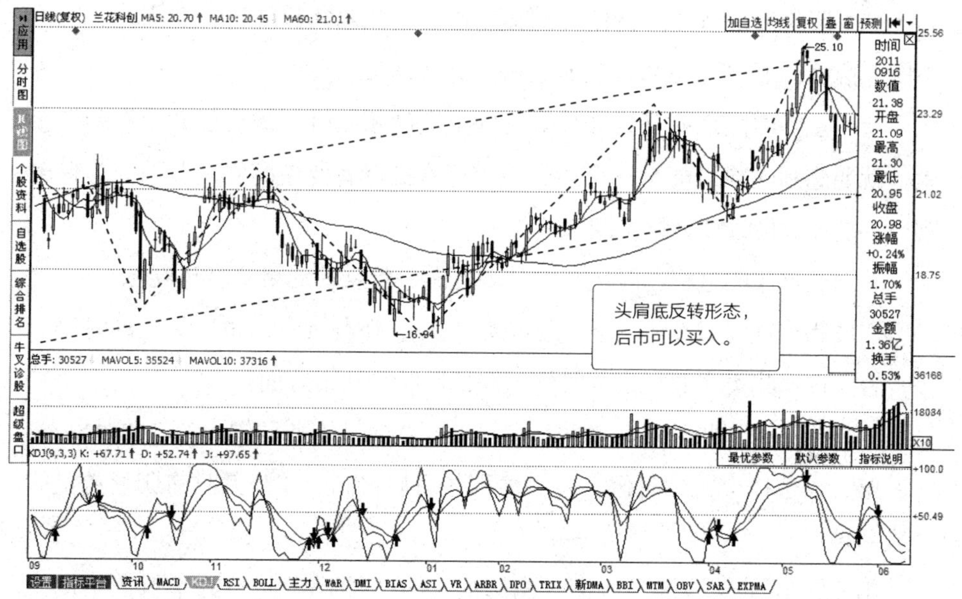

图5-10 头肩底

2. 头肩底形态。所谓头肩底，在图形上以左肩、头、右肩及颈线组成。三个连续的谷底以中谷底（头）最深，第一及最后谷底（分别为左、右肩）较浅且接近对称，因而形成头肩底形态（图5-10）。

头肩底的形态多发生于空头行情的末跌段。头肩底形态必须有三个低峰点，并且头部的低点要明显低于双肩， 左肩和右肩低点位置大致相等。一般的，右肩低点略高于左肩，但右肩低点一定低于左肩反弹高点。

成交量呈M形或呈头肩顶状态分布，有时三部分大致相当，但颈线突破时一定需要大的成交量配合。

在实际操作中，头肩底是一种较为常见的底部形态，往往预示着市场实现了阶段性止跌，此后有望展开一轮反弹走高的行情。因此，形成该种形态后往往会成为支撑市场信心的标志。

对于投资者来讲，看到头肩底这个图形时，就要想到这是股价见底回升的信号，这时不要再继续看空，而是要做好随时进场的准备。一旦看到股价放量冲破颈线，就要考虑买进一些股票，这就是第一买点。

如果股价冲破颈线位后出现回抽动作，并在颈线位附近止跌回升，股价再度上扬时， 投资者就可以加码跟进，这就是第二买点。

有一点需要注意的是，如果股价向上突破颈线时，成交量并没有配合放大，就要想到这很可能是一个假突破，这时投资者要逢高卖出股票，先退出观望，以免股价继续大幅下跌。

头肩底形成的过程用时越长，其表达的股价反转的可信度也就越大。

需要指出的是，所谓头肩底技术形态并非都有机会，也有失败的时候。投资者在选择此类个股机会的时候需要把握以下几个方面：

第一，选择那些基本面良好、有长远发展前景的品种作为参与的对象。

第二，选择个股的时候，应关注那些右肩略高于左肩并且有明显放量的个股品种。

第三，要注意的是，所谓“肩”的位置（即横盘整理的平台）不应太长，其时间在两周附近，太长时间横盘的个股要注意其中的风险。

第四，向下突破探底的时候，其下跌的幅度不应太深，反弹的时候力度要大于下跌的力度。

另外，与任何技术操作技巧一样，选择用头肩底形态选择个股操作的时候，也要注意风险控制，一旦失败了要注意及时止损。如果右边平台盘整的时间过长，往往意味着新的下跌会来临，此时就应及时出局，以避免更大的损失。因为头肩底失败后，后市下跌的空间会更大，有的还会创出新低。

投资者在运用头肩底形态选股时不必强求形似，关键是要强调神似，因为头肩底的形成过程和形态本身比较复杂，有时候会发生变异现象，如变成复合头肩底形态等。这类底部形态的研判技巧与正常头肩底形态的研判没有多少不同，而且这种复杂的头肩底形态往往更加安全可靠。

操盘金言

投资者要注意，在反转形态当中，如果股价突破颈线时成交量并没有显著增加，此时很有可能是一个假突破，这时投资者应该考虑逢高卖出或暂时观望。

反转形态：双重顶和双重底

双重顶和双重底在现实操作中出现得非常频繁。双重顶如同字母M，双重底如同字母W，这两种形态很容易被识别，同时也是最容易迷惑人的。

1. 双重顶。双重顶是很常见的反转形态。一只股票上升到某一价格水平时，出现大成交量，股价随之下跌，成交量减少。接着股价又升至与前一个价格几乎相等的顶点，成交量再随之增加却不能达到上一个高峰的成交量，又第二次下跌，股价的移动轨迹就像字母M，这就是双重顶（图5-11）。股价必须突破颈线，双重顶形态才算完成。

市场经过较长一段时间的上涨后，股价涨幅已经很大，一些投资者获利颇丰，产生一种居高思危的警觉。因此，当股价在某一阶段遭突发利空时，大量的获利回吐盘会造成股价暂时的加速大跌。当股价回落到某一水平，将吸引短线投资者的兴趣。

另外， 较早之前的卖出获利者亦可能在这个水平再次买入补回，于是行情开始再次上升。但与此同时，对该股信心不足的投资者会因觉得错过了在第一次高点出货的机会而马上在市场出货，加上在低水平获利回补的投资者亦同样在这个水平再度卖出，强大的沽售压力令股价再次下跌。

由于高点两次都受阻而回，令投资者感到该股短期内没法再继续上升，于是越来越多的投资者卖出，令股价跌破上次回落的低点，双重顶形态便告形成。

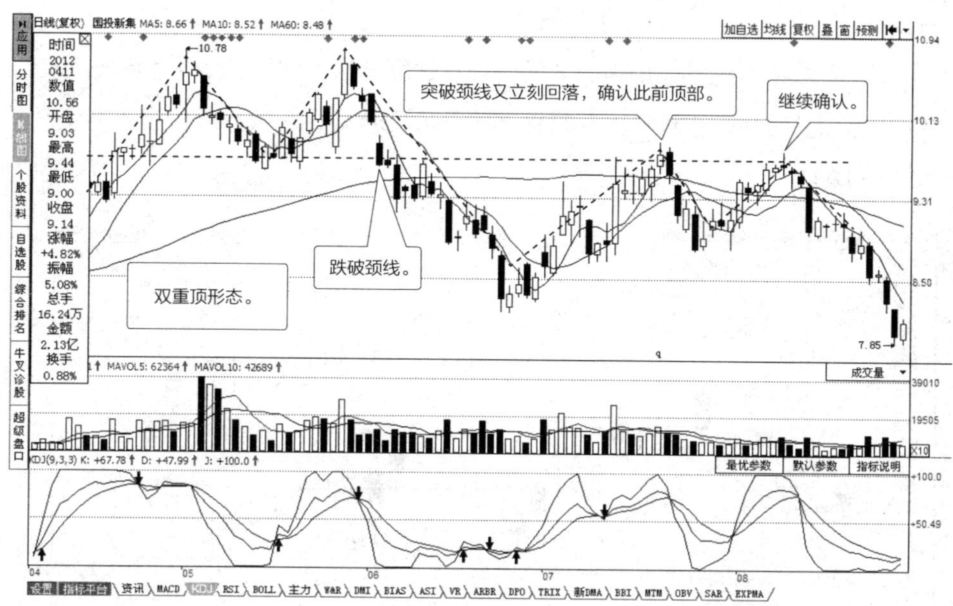

图5-11 双重顶

投资者在运用双重顶来研判个股时，可能会发现这样的情形：有时在初期看成双重顶的形态，在经历一段时间后有可能成了双重底形态。因此，投资者在研判时，要综合各种因素进行考虑。

在上升的趋势中，一些所谓的双重顶形态往往会演绎成双重底形态。当然，有的个股的确在一个高点之后出现较大幅度的下调，之后再度上涨到前期高位后再度下跌，形成了真正意义上的头部。投资者需要清楚的是，形成双重顶的内在因素是介入的主力资金被套后无法顺利出局，因此被迫再度拉高股价，以便择机出局。这其实是主力一种无奈的举动。

双重顶形态出现在下降通道中的情况比较多，由于市场上往往有超跌抢反弹的资金在前期的低点附近做多，又在前期的高点附近做空，从而导致了双顶的形成。此时技术形态表现出来的特征往往是第二个头部低于第一个头部，这是通常出现的情况。这种下降通道中形成的双顶意味着短期的抵抗结束，市场再度向下走低，一般而言也意味着其形成的箱体中箱底的位置具有较强支撑，是未来值得关注的位置。

2. 双重底。双重底是指股票的价格在连续两次下跌的低点大致相同时形成的股价走势图形。“双重底”是标准的低价反转型，此后，股价会不断上升（图5-12）。

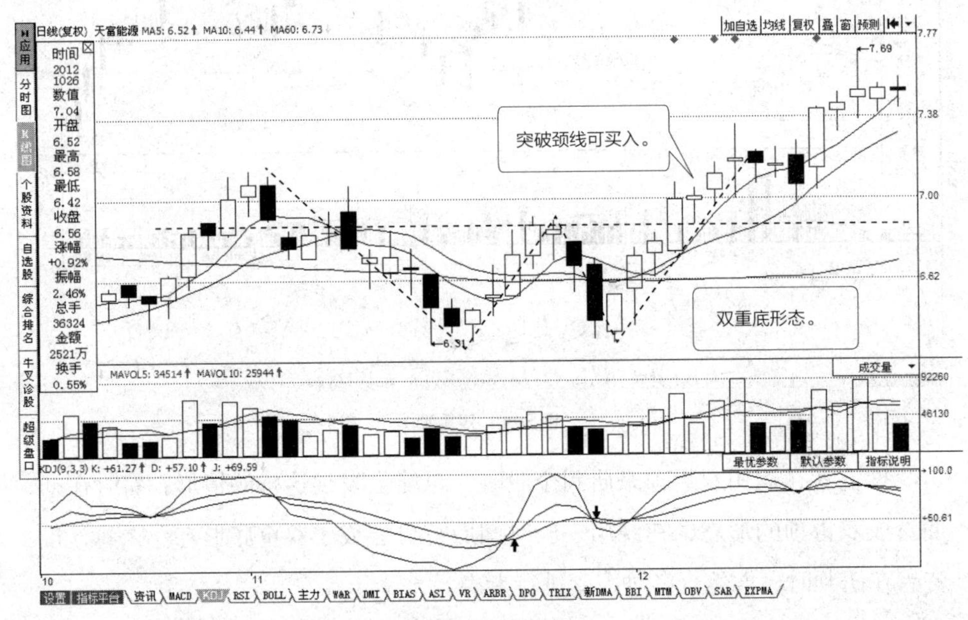

图5-12 双重底

市场经过较长一段时间的下跌后，股价跌幅已大，持股的投资者觉得价格太低而惜售，而另一些投资者则因为新低价的吸引而尝试买入，于是股价呈现回升，上升至某一水平时，较早以前短线投机买入者获利回吐，那些在跌市中持货的投资者亦趁回升时卖出，因此股价再一次下挫。但对后市充满信心的投资者觉得他们错过上次低点买入的良机，所以这次股价回落到上次低点时便立即跟进，当越来越多的投资者买入时，求多供少的力量便会推动股价扬升，而且还突破了上次回升的高点，扭转了过去下跌的趋势。

真正的双重底形态反映的是市场在第一次探底消化获利筹码的压力后下探，而后两度发力展开新的行情。既属于技术上的操作，也有逢低吸货的意义，也就是在第一次上涨中获得的筹码有限，为了获得低位的廉价筹码，所以股价再度下探。

这反映出两重含义：一是做多的资金实力有限并且参与的时间仓促，所以通过反复的方式获得低位筹码；二是市场的空方压力较大，市场上涨过程中遇到了较大的抛盘压力，不得不再次下探。

许多投资者往往喜欢在市场下跌趋势中运用双重底来判断底部和预测未来，但在实际的走势中，如果大的趋势是向下的，途中出现这种短期的双重底，多数情况下会演绎M头形态继续走低。真正成功使用该种技术形态的时段是在大趋势向上途中——市场股指或者个股股价遇到了获利回吐的压力后出现的调整和波动，只有这时，成功的概率才较高；而在趋势向下的情况下，运用这种形态判断底部常常是错误的。因此，在具体的个股操作时，建议投资者关注那些大趋势向上（至少不是向下）的个股。

在实际操作中，双重底形态的最佳介入时机有三个：

第一，在第二个底部的上翘处，此时买入的价位最低，被套的可能几乎为零，不足之处是股价不一定马上涨。

第二，在突破双重底形态的上沿时，此时买入，一般当天即可能见到效益，在资金利用效率上最合算，但不足之处是跟进的时机很紧迫，难以把握。如果主力有意震仓打压的话，有可能短期被套。

第三，在突破上沿后的回调时，但投资者必须要知道，并不是所有的双重底突破时都要回调。

操盘金言

每一次入场前都要做好计划，因为不能打无准备之战。对于一般投资者来说，即使不将交易计划形成书面文字，也要在心中有个基本的打算。

反转形态：三重顶和三重底

三重顶形态和三重底形态是头肩形态的一种小的变形体。从严格意义上讲，它是由三个一样高或一样低的顶或底组成。与头肩形的区别在于头的价位向回缩到与肩差不多的位置，有时可能还低于或高于肩部一点。

1. 三重顶（图5-13），又称三尊头，它是以三个相约之高位而形成的转势图表形态，通常出现在上升市况中。三重顶和双重顶的形态很相似，只是多一个顶，且各顶分得很开、很深，成交量在上升期间一次比一次少。

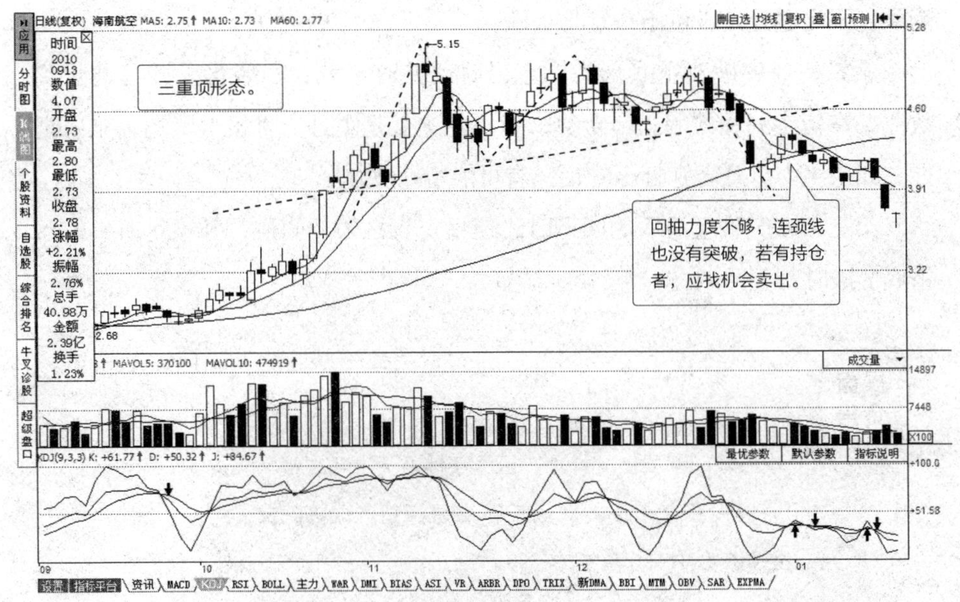

图5-13 三重顶

典型的三重顶通常出现在一个较短的时期内，以穿破支持线来确立形成。另一种确认三重顶的信号，可从整体的成交量中找到。伴随三重顶的形成，成交量逐渐减少。直至价格再次上升到第三个高位时，成交量才开始增加，形成一个确认三重顶的信号。

三重顶是非常可信的高位反转形态，操作过程中投资者应该注意以下几点：

第一，注意第一顶回调的深度。因三重顶形态顶点与颈线位之间的波动一般较大，投资者可以利用波动做差价。要注意的是，投资者在短线做多时要考虑第一顶回调的深度，如果深度达不到获利的有效空间，最好放弃操作。

第二，把握好三重顶形态的最佳做空点位。一是第三顶形成后第一次跌破颈线时的价位；二是价格跌破颈线后不久，出现反弹走势，向上穿越颈线，然后价格再次跌破颈线时的点位。

第三，注意止损。出现三重顶的时候，要注意设好止损点，如果价格冲破止损点位，就要改变操作方向。

2. 三重底比双重底多一个底，由三个底部组成。三重底既是头肩底的变异形态，也是W形底的复合形态，三重底相对于W形底和头肩底而言比较少见，却又是比后两者更加坚实的底部形态，而且形态形成后的上攻力度也更强（图5-14）。

该形态多发生在波段行情的底部或是多头与空头行情的修正走势之中。不是上述两种位置的三重底，不能认定价格跌到了低位，做多容易被套，更谈不上获利。

该形态的三个底部低点应大体处在同一水平线，即三个底部的最低价位应基本接近，三个底部的低点如果相差过大，就不能按三重底操作。

该形态的三个底部低点之间应保持一定的间隔，间隔的距离越大，后市上涨的空间就会越大。

三重底形态的上升规律与双重底形态的上升规律一样，也是颈线以上的升幅，至少是底部低点连线到颈线垂直距离的一倍。

图5-14 三重底

运用三重底形态进行操盘的时候，激进型投资者可以选择在股价有突破颈线位的确定性趋势，并且有成交量伴随时介入。成熟型投资者可以选择在股价已经成功突破颈线位时介入。稳健型投资者可以选择在股价已经有效突破颈线位后的回档确认时介入。

投资者需要注意的是，在实际操作中不能仅仅看到有三次探底动作而盲目买入。从表面上形成了三重底，就一厢情愿地认定是三重底，这是非常危险的。因为，有时即使在走势上完成了形态的构造，但如果不能最终放量突破其颈线位的话，三重底仍有功败垂成的可能。

由于三重底的构筑时间长，底部较为坚实。因此，突破颈线位后的理论涨幅将大于或等于低点到颈线位的距离。所以，投资者需要耐心等待三重底形态彻底构筑完成，股价成功突破颈线位之后，才是最佳的建仓时机。大可不必在仅有三个低点和形态还没有定型时过早介入，这样做虽然有可能获取更多的利润，但从风险收益比率方面计算，反而得不偿失。

操盘金言

制定交易计划要以客观和实用为基本原则，应贯彻“限制亏损，滚动利润”的基本交易原则。不少交易者一旦进入瞬息万变的市场，常常会临时改变自己的交易计划，追随市场的短期波动而盲目买卖，这是万万不可的。

反转形态：圆弧顶和圆弧底

圆弧形态，又称碟形、圆形、弧形、碗形等。事实上，圆弧形态的形成过程与头肩形中的复合头肩形有相似的地方，只是圆弧形的各种顶或底没有明显的头肩的感觉。一般而言，圆弧形态可以分为圆弧顶与圆弧底。

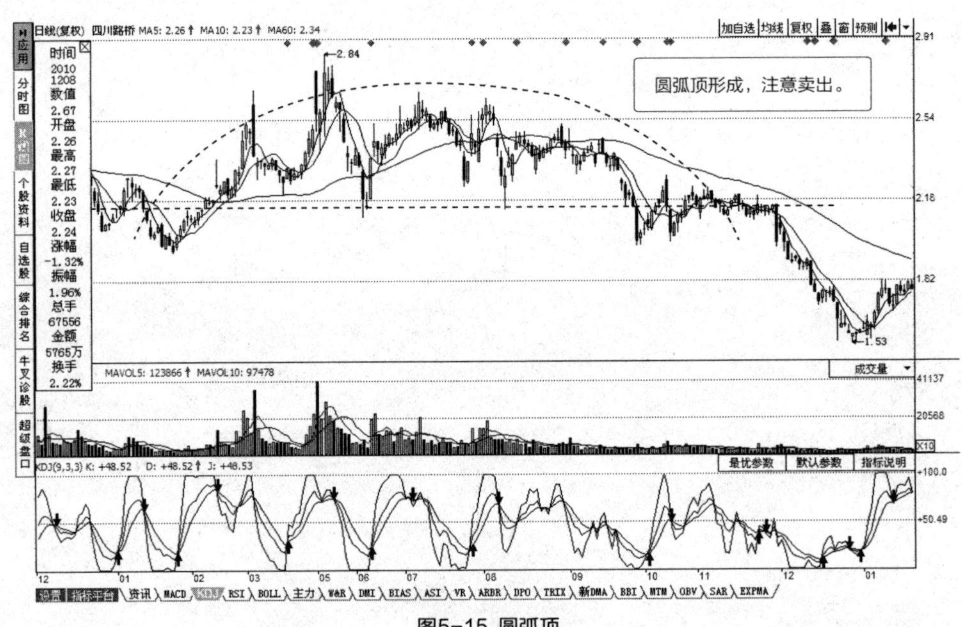

图5-15 圆弧顶

1. 圆弧顶。圆弧顶是指K线连线呈圆弧形的顶部形态（图5-15）。在圆弧顶的形成过程中，成交量巨大而不规则，常常在股价上升时成交量增加，在上升至顶部时反而显著减少，在股价下滑时，成交量又开始放大。圆弧顶形态的形成耗时较长。

圆弧顶是一种常见的顶部反转形态。在头肩形反转形态中，股价起伏波动较大，反映买卖双方争斗激烈，而圆弧顶形态的形成是渐进的过程，市场买卖双方势均力敌，交替获胜，使股价维持较长一段时间的盘整局面，最终才会出现向下的反转行情。

实际应用过程中，投资者需要把握下面几点：

第一，圆弧顶出现的位置在很多情况下都不是真正的顶部位置，它往往比顶部稍低一些，这也就意味着现实中的圆弧顶往往出现在价格的中高位置上。

第二，在实盘中出现频率并不高的圆弧顶，一旦形成之后，投资者应当立即采取操作，因为这一形态完成后的跌幅将是不可测的，可能远远超过投资者的心理预期。

第三，一般情况下，圆弧顶往往出现于绩优股中，由于持股者心态稳定，多空双方力量很难出现急剧变化，所以主力在高位慢慢出货，K线形成圆弧。

第四，实际上，有时当圆弧顶形成后，股价并不立刻下跌，而是横向发展，形成徘徊区域，称作碗柄。一般来说，碗柄很快便会被突破，股价会继续朝着预期中的下跌方向发展，但却提供给了投资者在下跌之前的一个退出机会。

2. 圆弧底。所谓圆弧底，是一种非常可靠、但又很少见的底部形态，一般出现在优质股票或基本面发生重大变化的股票上。股价走势先是下跌，由急到缓然后走平，持续一段时间开始缓慢上涨，然后上涨加速，一直涨到开始下跌的价位，整个形态粗看起来犹如一个向下弯曲的优美圆弧（图5-16）。

圆弧底形成的时候，成交量变化与股价变化相同，先是逐步减少，伴随股价回升，成交量也逐步增加，同样呈圆弧形。圆弧底的形成需要较长的时间。圆弧底形成末期，股价迅速上扬形成突破，成交量也显著放大，股价涨升迅猛，往往很少回档整理。

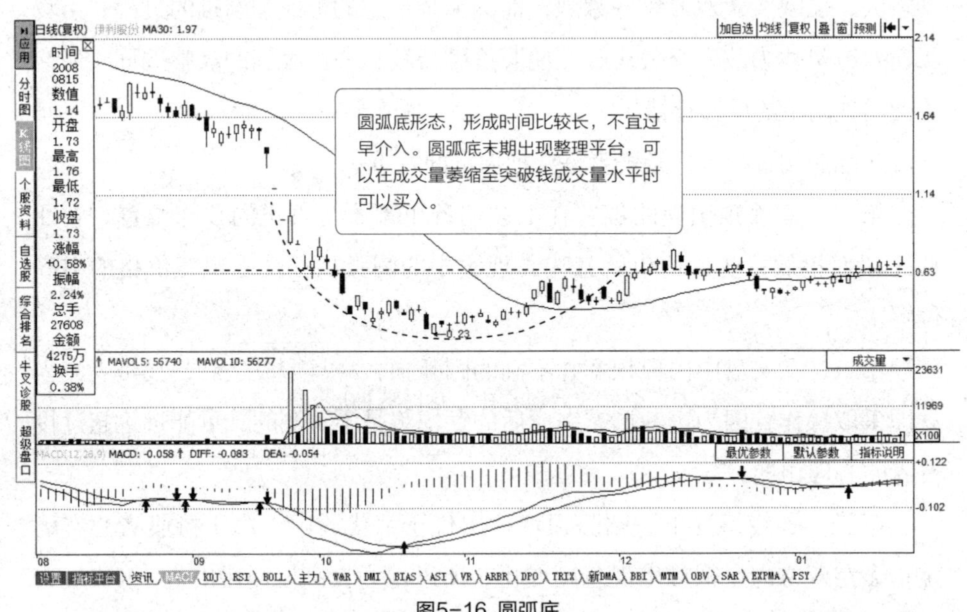

图5-16 圆弧底

值得注意的是，在所有的底部技术形态中，圆弧底形成的概率较低，这是因为形成圆弧底的形成条件较为严格。首先，它要求股价处于低价区；其次，低价区的平均价格应该至少低于最高价的50%以上，距离前期成交密集区要尽可能地远；最后，在形成圆弧底之前，股价应该是处于连续下跌状态。

在实际操作中，由于圆弧底耗时长，所以不应过早介入。在具体操作的时候，投资者还需要把握下面三点：首先，在买入之前必须确认成交量的底部已形成；其次，要在连续几日温和放量收阳线之后；最后，如果在圆弧底形成末期出现整理平台，则应在成交量萎缩至接近突破前成交量水平时及时抢进。

客观来讲，圆弧底是易于确认、坚实可靠的底部反转形态，一旦个股左半部完成后股价出现小幅爬升，伴随成交量温和放大形成右半部圆弧时便是中线分批买入时机。股价放量向上突破时是非常明确的买入信号，其突破后的上涨往往是快速而有力的。

因此，在圆弧底末期应是最佳买入时机。然而，需要说明的是，由于圆弧底易于辨认，有时太好的圆弧底反而被主力利用来出货形成骗线。因此，如果公认的圆弧底久攻不能突破或突破后很快走弱，特别是股价跌破圆弧底的最低价时应止损出局。

操盘金言

虽然圆弧形态被当作反转形态，但在很多时候，圆弧形态会出现在主力洗盘和拉升过程中，这时这种形态呈现出整理特征，极具欺骗性。投资者要注意分辨。

反转形态：岛形

岛形形态是一个孤立的交易密集区，与先前的趋势走势隔着一个竭尽缺口，并且与之后的价格趋势相隔一个突破缺口。在一波下跌走势后，价格在悲观预期中向下跳空，形成竭尽缺口，在整理一日至数日后，价格反向跳空，使整理期间的形态宛如一个孤岛。

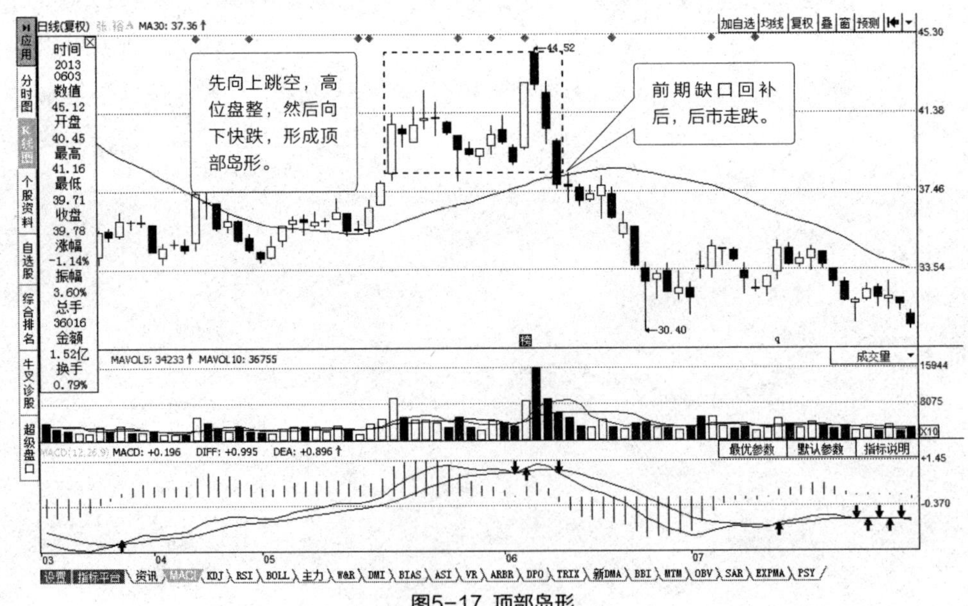

图5-17 顶部岛形

一般来说，岛形形态的特征有以下几点：在岛形形成前出现的缺口为消耗性缺口，其后在反方向移动中出现的缺口为突破性缺口。这两个缺口在一段时间内先后出现，时间间隔可能只有一个交易日，亦可能数天至数个星期。形成岛形的两个缺口大多在同一价格范围之内。岛形以消耗性缺口开始，突破性缺口结束，这情形是以缺口填补缺口，因此缺口已是被完全填补。

通常情况下，岛形形态可以分为顶部岛形形态与底部岛形形态。

1. 顶部岛形。所谓顶部岛形形态，是指股价在经过持续上升一段时间后，某日出现跳空缺口性加速上升，随后股价在高位徘徊，不久股价以向下跳空缺口的形式下跌， 而这个下跌缺口和上升向上跳空缺口基本处在同一价格区域，使高位争持的区域在K线图上就像是一个孤岛（图5-17）。

高位岛形的顶部一般是一个相对平坦的区域，与两侧陡峭的图形形成鲜明对比。有时顶部只是一个伴随天量的交易日构成，这是市场极端情绪化的产物。

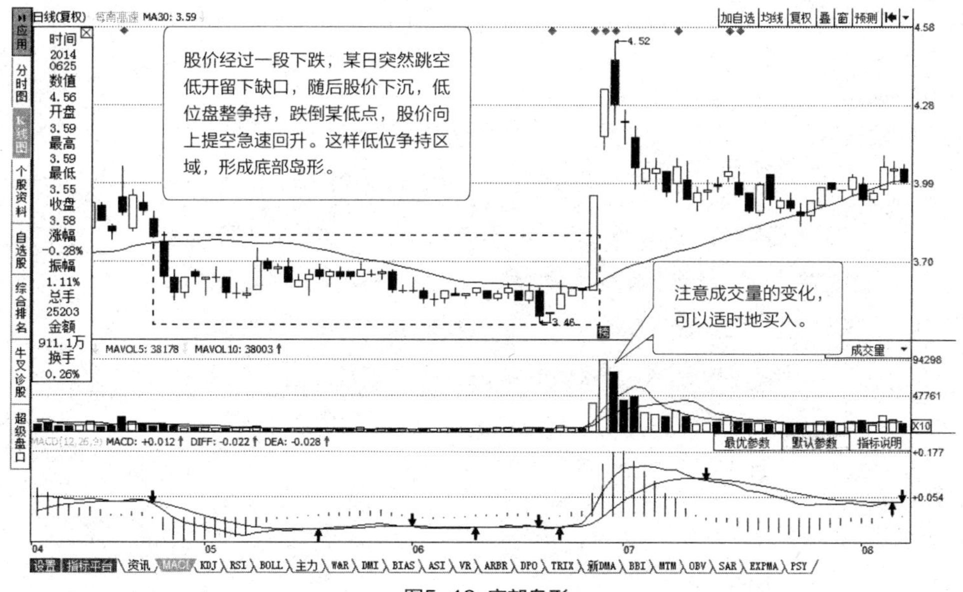

图5-18 底部岛形

2. 底部岛形。底部岛形是指股价在经过持续下跌一段时间后，某日突然跳空低开留下一个下调缺口，随后几天股价继续下沉，但股价下跌到某低点又突然峰回路转，股价向上跳空开始急速回升，向上跳空缺口与前期下跌跳空缺口基本处在同一价格区域，低位争持的区域在K线图上就像是一个孤岛（图5-18）。底部岛形反转常伴随着很大的成交量，如果成交量很小，这个底部岛形反转就很难成立。

在股市中，岛形反转是一种比较独特的反转形态，它一旦形成，往往是趋势发生重要转折的信号，其引发的上涨或下跌力量非常强烈，通常会形成一波幅度较大的上涨或下跌行情。严格来讲，岛形反转不是主要反转形态，因为它形成的时间短，不足以代表主要趋势，不过它通常是一个小趋势的折返点。

一般情况下，岛形经常在长期或中期性趋势的顶部或底部出现。当上升时，岛形明显形成后，这是一个卖出信号；反之，若下跌时出现这一形态，就是一个买入信号。

操盘金言

岛形反转是K线形态中的一个重要反转形态，这种形态出现之后，股票走势往往会转向相反方向。岛形形态最佳的买卖点为跌破上升或下降趋势线和第二个缺口发生之时，因为在这之前无法确定发展的方向，而一旦形态确立，投资者在操作上要快刀斩乱麻，坚决做多或做空，不要迟疑。

配合K线的常用技术指标

将多种分析体系进行综合分析，互相加以印证，是投资者重要的分析手段。虽然K线及其组合形态可以传递出漂亮的趋势反转和变化的信号，但还是建议读者将它和其他技术分析工具结合起来使用，这将大大提高研判的准确性。

MA指标（移动平均线）

移动平均线简称“均线”，可以说是各种技术指标中，是最为普遍的一种。它是将一段时间内股票收盘价的平均价格连成曲线，用以显示股价趋势的一种技术指标。这里的一段时间，可以由投资者自行设置。

市场通常采用的时间段有5日、10日、20日、30日、60日、120日等，投资者可以按照自己的使用习惯自行设定。

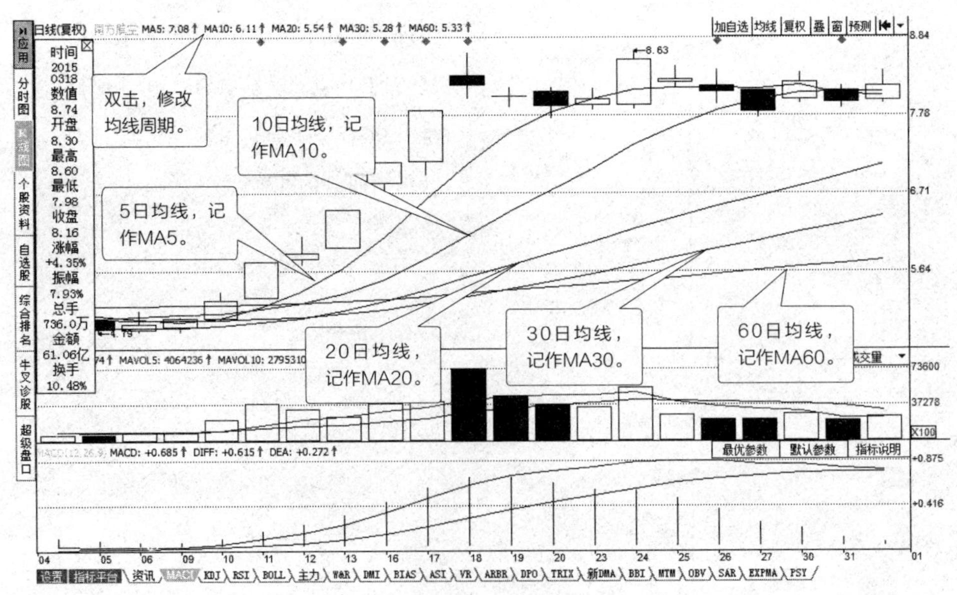

图6-1 均线图

均线的表现形式如图6-1所示。在炒股软件上，只要将鼠标放在均线上就会显示出该均线的时间段。按照时间长短，可以将其分为短期均线、中期均线、长期均线。

短期移动平均线主要是5日均线（MA5）和10日（MA10）均线。在实战中，由于5日均线起伏较大，震荡行情时该线形象极不规则，几乎没有轨迹可寻，因而诞生了10日平均线。10日均线简单易算，是短线交易者参考与使用最广泛的移动平均线。它能较为正确地反映短期内股价平均成本的变动情形与趋势，可作为短线进出的依据。

中期移动平均线包括20日、30日、60日均线。其中20日均线可以称为月线（因为一个月的交易日大概为20天），60日均线可以称为季线。中期均线由于其波动幅度较短期线移动平均线平滑且有轨迹可寻，较长期移动平均线又敏感度高，因而优点明显，成为中期投资者的主要参考指标。

长期移动平均线为120日线，又称半年线，是价值投资者、超级大户、职业炒手们操作股票时要参考的依据。

均线（MA）是实战中具有以下几个特点：第一，可以追踪趋势。均线主要用来追踪趋势，这是均线最重要的作用。由于均线消除了短期价格波动的干扰，能更多地与趋势保持一致，而原始数据的股价图表不具备这个保持追踪趋势的特性。

第二，在实际运用过程中，均线存在着滞后性。在股价原有趋势发生反转时，由于MA具有追踪趋势的特性，行动往往过于迟缓，调头速度落后于大趋势，这是MA的一个极大的弱点。等MA发出反转信号时，股价调头的深度已经很大了。因此，短线、超短线交易者运用MA指标时需要结合K线、分时线等工具来综合判断。

第三，均线具有稳定性。通常，越长期的移动平均线越能表现出稳定的特性，也即均线不轻易往上往下，必须股价涨势真正明朗了，移动平均线才会往上延伸，而且经常股价开始回落之初，移动平均线却是向上的，等到股价下滑显著时，才见移动平均线走下坡，这是移动平均线最大的特色。越短期的移动平均线稳定性差，越长期的移动平均线其稳定性越强，但也因此使得移动平均线有延迟反应的特性。

第四，均线具有助涨助跌的特点。当股价突破了MA时，无论是向上突破还是向下突破，股价都有继续向突破方面再走一程的愿望，这就是MA的助涨助跌性。

那么，均线指标具体该怎么用呢？通常来说，均线主要有以下几个用法：

1. “金叉”与“死叉”（图6−2）。短期均线自下而上穿越长期均线，称为均线的“金叉”，发出买入信号；短期均线自上而下穿越长期均线，称为均线的“死叉”，发出卖出信号。

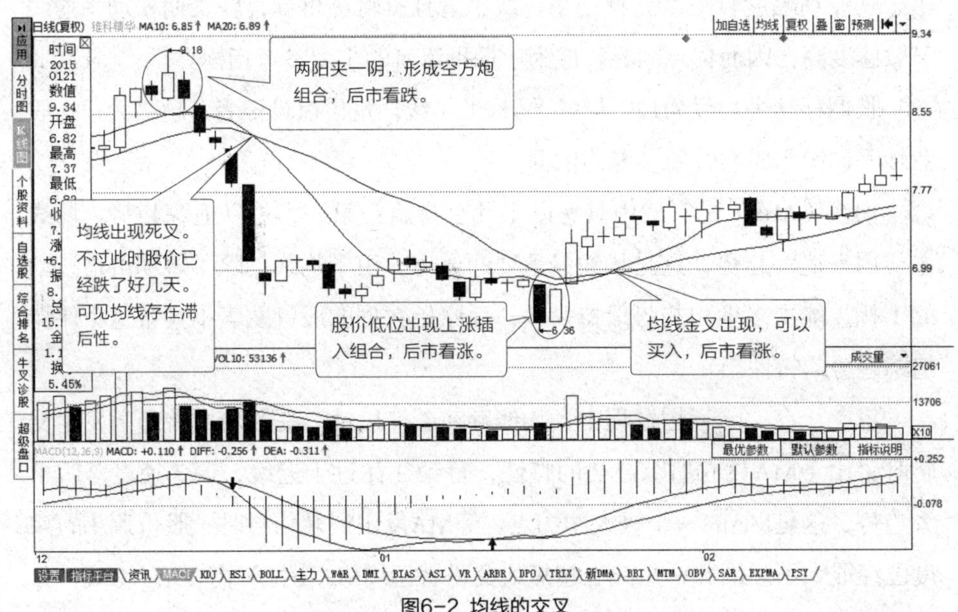

图6−2 均线的交叉

2. 均线的支撑与阻力。我们经常听说支撑位和阻力位，那么什么是支撑位和阻力位呢？通俗来讲，支撑位是指在股价下跌时可能遇到支撑，从而止跌回稳的价位；阻力位则是指在股价上升时可能遇到压力，从而反转下跌的价位。对于股市而言，支撑位就是股价跌到一个价位就开始涨的部位，是做多资金所能接受的最低价格界限点；阻力位就是股价涨到一个价位就开始跌的部位，是离场资金所能容忍的最高价格界限点。

对于阻力位和支撑位，还有两种看法。一种看法是市场前期实际的密集成交区；另一种是心理价位。当密集成交区在当前价位之上时，即前期的套牢盘很容易抛出，对于股价上升造成压力，表现为上涨阻力；当密集区在当前价位之下时，说明买方力量很强，股价下跌，就会有人接盘，使得股价很难跌下来，这就是支撑。至于心理价位，则通常是对指数而言，比如投资者对上证指数的一些整数关口往往形成心理价位。

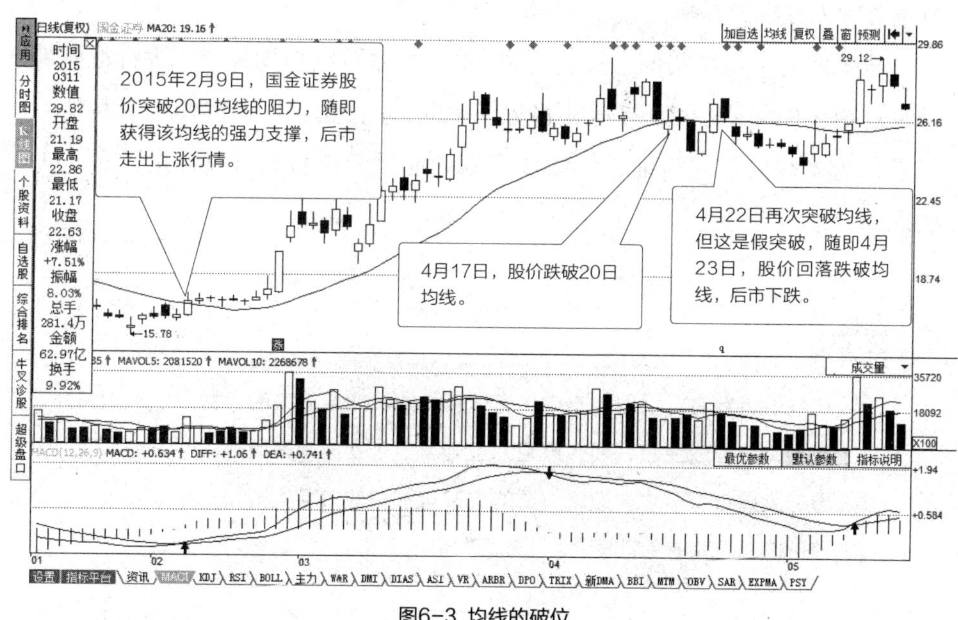

图6-3 均线的破位

对某只个股而言，如果股价轻松越过了前期密集成交区，则往往是主力控盘程度较高的标志。同时由于股价在突破阻力位后。上方已经没有套牢盘，上升空间被打开，这种股票是短线介入的极好品种。

均线是支撑与阻力的力量探测器。当股价处于均线上方时，均线对股价会产生支撑作用。当股价处于均线下方时，均线对股价会产生阻力作用。周期越长的均线，其支撑或者阻力作用就越强烈。

3. 股价对均线的突破与跌破（图6–3）。当股价自下而上突破均线时，预示着股价开始走强，发出买入信号；当股价自上而下跌破均线时，预示着股价开始走弱，发出卖出信号。

股价突破或者跌破的均线，其周期越长，那么买卖信号的可靠性就越高，发出信号所代表的周期就越长。例如，股价跌破10日线，预示着股价的短期趋势开始走弱；跌破年线，就预示着股价的中期趋势开始走弱。

均线的突破是有真假的，因此在实际操盘中，一定要结合其他的技术指标进行深入分析和判断。

从上面的论述和图例，我们看到，K线技术可以与均线指标进行很好地结合。由于K线图是最直接反映趋势变化的，因此K线图所发出的各种信号可以作为均线信号的验证，均线技术则为蜡烛图信号的可靠性提供了有力的保障。

操盘金言

在股价运行时，阻力与支撑是可以互换的。如果重大的阻力位被有效突破，那么该阻力位则反过来变成未来重要的支撑位；反之，如果重要的支撑位被有效击穿，则该价位反而变成今后股价上涨的阻力位了。

MACD指标（平滑异同移动平均线）

MACD指标的全称是平滑异同移动平均线，是一个常用的中长期技术指标，有“指标之王”的美誉。MACD指标来源于股价的平滑移动平均线EMA，具有均线指标稳定、能追随趋势的特点，能够对市场动能做出客观的反映。同时MACD指标去掉了均线有时频繁发出假信号的缺陷，使得指标在对中长期趋势的把握上准确率较高，所以深受趋势型投资者的欢迎。

MACD指标由DIFF线和DEA线两条曲线及MACD柱线构成，如图6-4所示。

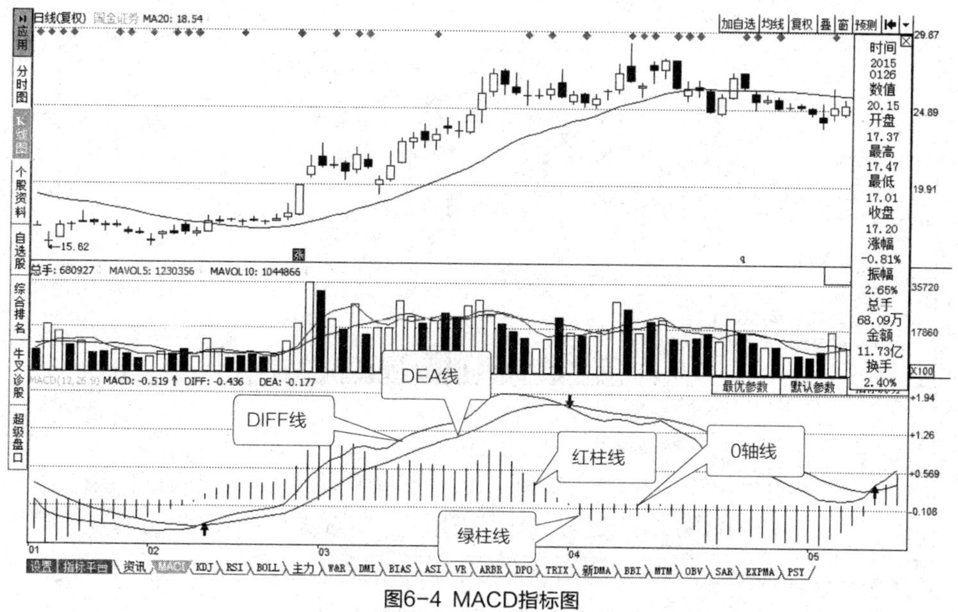

图6-4 MACD指标图

DIFF线变动较为灵敏，DEA线变动较为平缓，中间的横线是0轴，围绕0轴上下波动的柱状线是MACD柱线。当DIFF线位于DEA线上方时，MACD柱线位于0轴上方，显示为红色；当DIFF线位于DEA线下方时，MACD柱线位于0轴下方，显示为绿色。MACD柱线越长，说明DIFF线距离DEA线的距离越远。

MACD指标剔除了股价短期上下波动的影响，主要反映市场中长期趋势，对股价短期走势的反映往往较为滞后，远不如K线形态那样及时。因此，在运用这一指标时，最好与K线配合，提高准确性。

实战中MACD指标主要有以下三种用法：

1. “金叉”与“死叉”（图6-5）。当DIFF线自下而上穿越DEA线时，出现“金叉”，发出买入信号；当DIFF线自上而下穿越DEA线时，出现“死叉”，发出卖出信号。

在明显的趋势性行情中，MACD指标的金叉与死叉所发出的交易信号比较可靠。但在盘整性行情中，MACD指标的这两条指标线经常出现反复交叉的情形，此时发出的信号往往是无效信号。

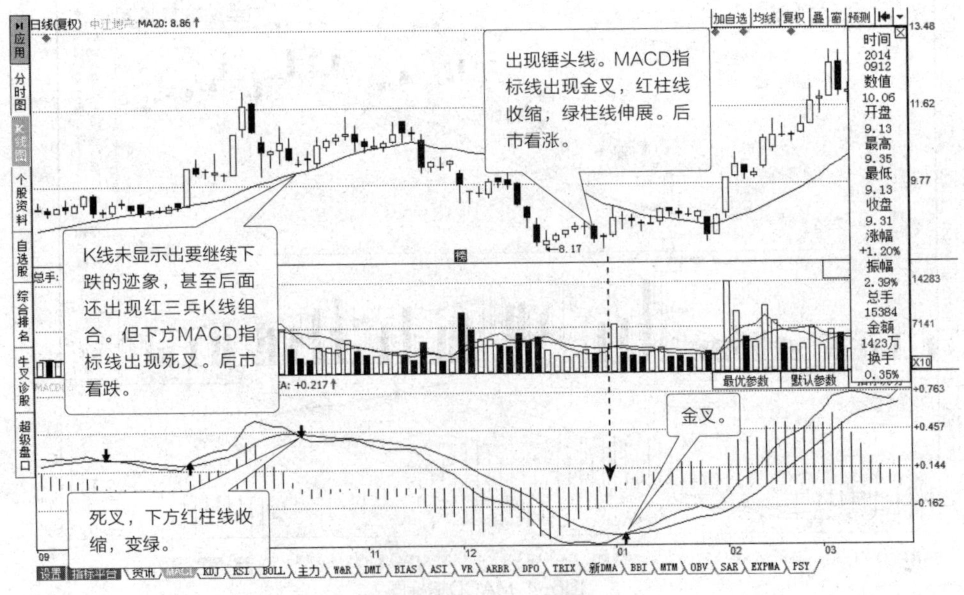

图6-5 MACD指标线的交叉

另外，在不同周期的K线图上，金叉与死叉所发出的信号强度也有所不同，周期越长，其信号强度就越高。例如，月K线图上的信号强度要强于周K线图，而周K线图又强于日K线图。

2. 股价与两线的背离。股价与MACD指标的背离分为顶背离和底背离两种情形。顶背离是指，当股价逐波创新高时，DIFF线和DEA线却没有同步创出新高。或者当股价与前高持平时，DIFF线和DEA线却明显走低，顶背离发出卖出信号。

底背离是指当股价逐波创新低时，DIFF线和DEA线却没有同步创出新低；或者当股价与前低持平时，DIFF线和DEA线却明显走高，底背离发出买入信号。

3. 股价与柱线的背离。在MACD指标中，除了DIFF线和DEA线会和股价产生背离外，有时MACD柱线也会与股价产生背离走势。当股价创出新高，与此同时MACD柱线却出现了缩短情形，顶背离出现。当股价创出新低，与此同时MACD柱线却出现了升高情形（从下方向零轴靠近），底背离出现。

K线图与MACD指标的结合应用，就是将双方所发出的信号进行相互验证，以提高信号的可靠性。这一点与K线图和均线的实战结合方法相同，这里就不再重复。

操盘金言

MACD指标不适合短线和超短线投资者使用。一般来说，在短线和超短线交易中，需要投资者对股价的短期波动非常敏感。而由于MACD指标的滞后性，股价的短期波动很难及时地在MACD指标上予以反映，因此MACD指标并不适合用于短线和超短线交易。另外，在盘整行情中，MACD指标一般会围绕着零轴上下运动，频繁发出金叉死叉等交易信号，而这些信号大多属于无效信号，因此MACD指标也不适合在盘整行情中使用。

KDJ指标（随机指标）

KDJ指标的全称是随机摆动指标，一般用于市场中短期的趋势分析，是根据统计学原理通过一个特定周期内出现过的最高价、最低价及最后一个计算周期的收盘价，通过一系列计算后得出K值、D值与J值，并绘成相应的曲线图来研判股票走势。

KDJ指标由三条指标线构成，分别是指标线J、指标线K和指标线D，其中，指标线J的波动最为灵敏，其次是指标线K，最后是指标线D（图6-6）。

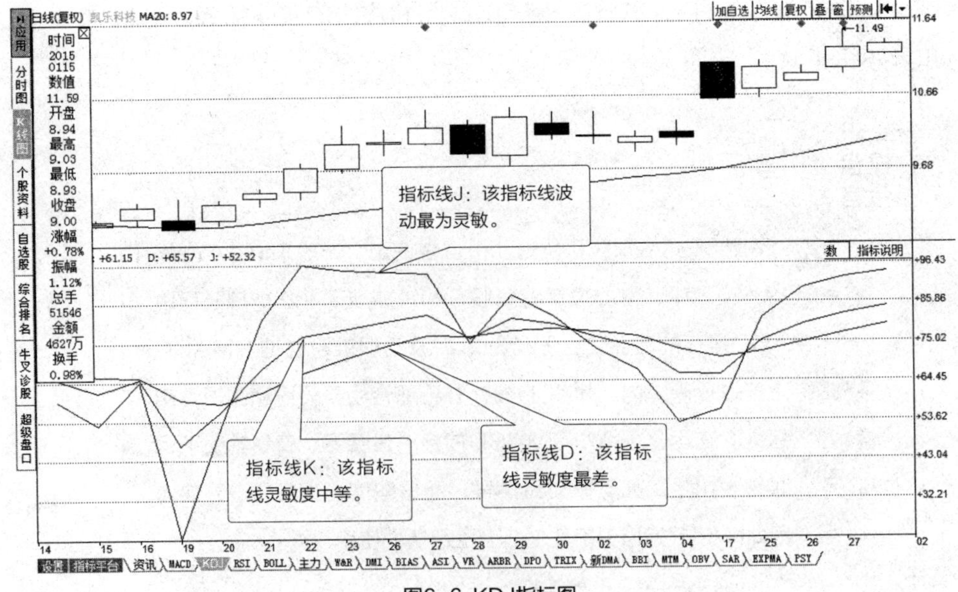

图6-6 KDJ指标图

在实战中，KDJ指标主要有以下三种用法：

1. 超买与超卖。在上涨趋势中，当KDJ指标的K值或D值大于80时，股价处于超买状态，意思是当前的涨势，已经“超出了买方的实力”，那么股价随时可能出现回落。

在下跌趋势中，当KDJ指标中的K值或D，值小于20时，股价处于超卖状态，意思是当前的跌势，已经“超出了卖方的实力”，那么股价随时可能出现回升。

在非常强劲的趋势中，KDJ指标的超买与超卖，容易出现钝化现象，也就是失去了应有的信号作用。例如在一段强劲的上涨趋势中，技术指标已经出现了超买，但是股价仍然继续上涨，此时是否超买就失去了分析的意义，指标在高位出现了钝化。

2. 金叉与死叉（图6-7）。当指标线K向上穿越指标线D时，金叉出现为看涨信号；当指标线K向下穿越指标线D时，死叉出现为看跌信号。当指标线K、指标线D在50上下反复缠绕时，金叉与死叉就失去了信号的意义。

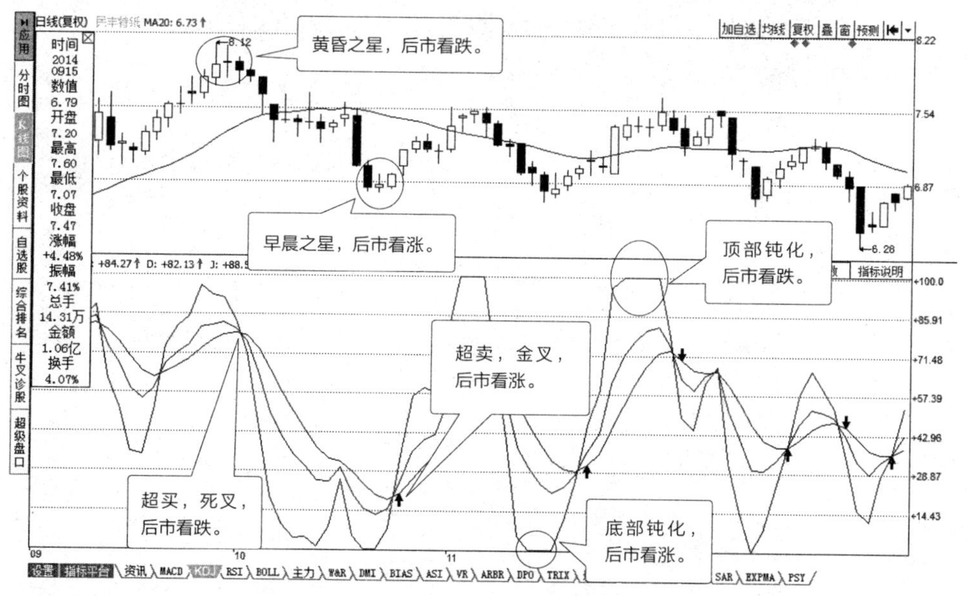

图6-7 KDJ指标应用图

由于KDJ指标对股价波动非常敏感，有时股价的小幅波动，都会导致指标线K与指标线D出现金叉或者死叉情形。因此KDJ指标的交叉经常会发出无效信号。

3. 背离。有时候，KDJ指标与股价走势也会出现顶背离和底背离情形。顶背离预示着股价可能将要开始下跌，底背离预示着股价可能将要开始回升。KDJ指标的具体使用方法与MACD指标背离的应用方法完全相同。

由于KDJ指标能够灵敏地反映股价短期内的波动，因此对于短线投资者而言，该指标具有很高的应用价值。但是，这一优点同时也会带来一个缺陷，就是KDJ指标经常会发出一些无效信号。而直接反映股价趋势变化的蜡烛图则可以很好地弥补这一缺陷。

操盘金言

如果投资者能够将K线图技术与KDJ指标很好地结合，将KDJ指标发出的信号作为重要参考，将K线图发出的信号作为验证手段，将能够很好地把握住股价短期的波动节奏，提高交易胜率。

BOLL指标（布林线）

BOLL指标也称布林线，是根据统计学中的标准差原理设计出来的技术指标。其设计原理是，股价总是围绕某个中轴在一定的范围内波动。将上述这个计算出的股价波动范围体现在具体的图形上，就形成了一个带状区间。股价就在这个区间的上限和下限之间进行波动。而这条带状区间的宽窄也会随着股价波动幅度的大小而变化。股价涨跌幅度加大时，带状区变宽；涨跌幅度变小时，带状区则变窄。

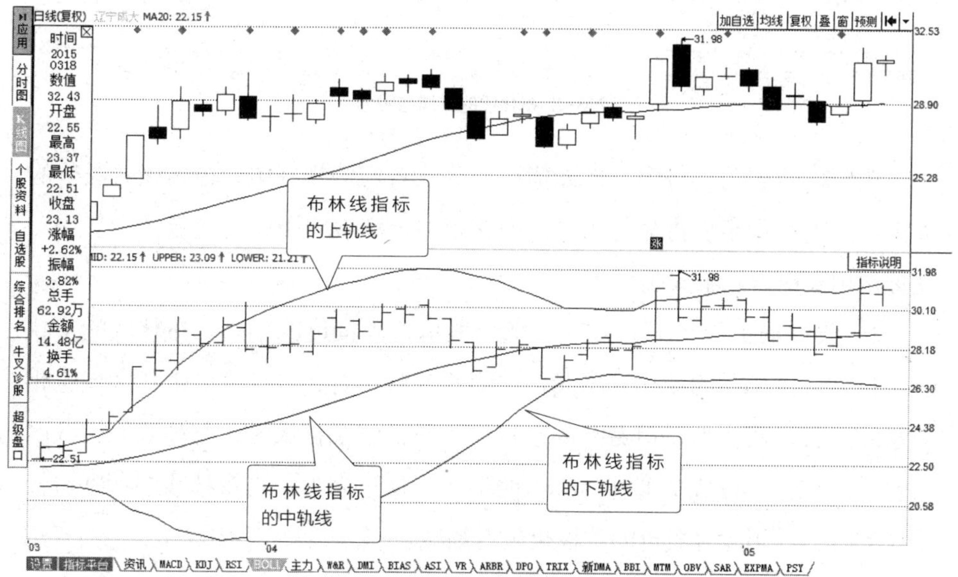

图6-8 布林线图

布林线由三条曲线组成，分别是上轨线、中轨线和下轨线（图6-8）。

实战中的布林线指标主要有以下两种用法：

1. 支撑与阻力（图6-9）。一般来说，布林线的下轨对股价有支撑作用，上轨对股价有阻力作用。中轨对股价既有支撑也有阻力作用。

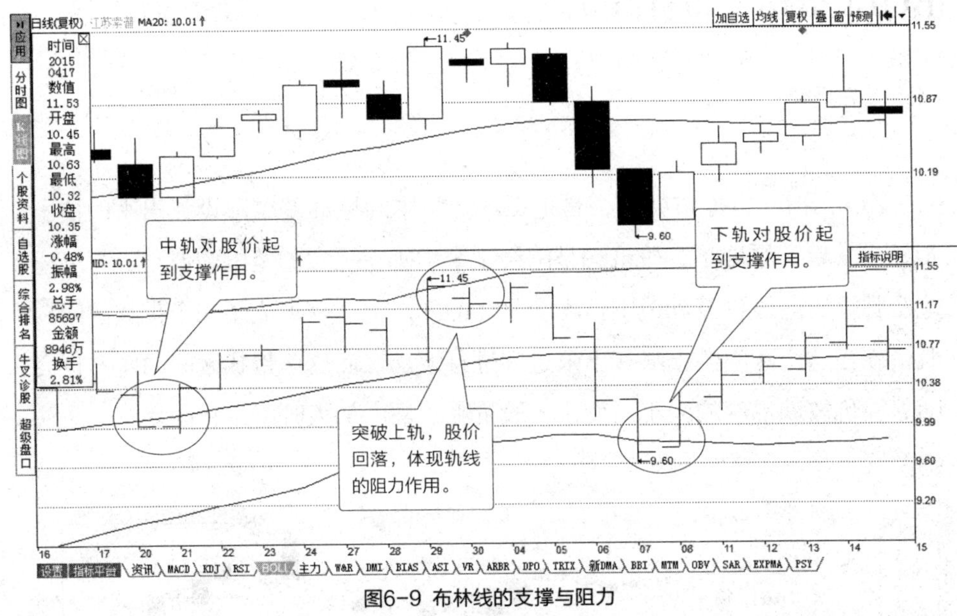

图6-9 布林线的支撑与阻力

在股价的震荡走势中，例如横盘震荡或者震荡攀升中，布林线对股价的支撑与阻力作用表现得最为明显。而在单边上涨或者下跌的趋势性走势中，这种作用表现得则不太明显。

2. 收缩与扩张（图6-10）。随着股价波动幅度的不同，布林线的带状区域也会呈现相应的变化。当股价波幅逐渐减小时，布林线的带状区域也相应紧缩，会形成类似紧口喇叭的形状；当股价波幅扩大时，布林线的带状区域也相应扩张，形成类似开口喇叭的形状。反过来看，当布林线的喇叭口极度紧缩时，说明此时股价的波幅也极度缩减。

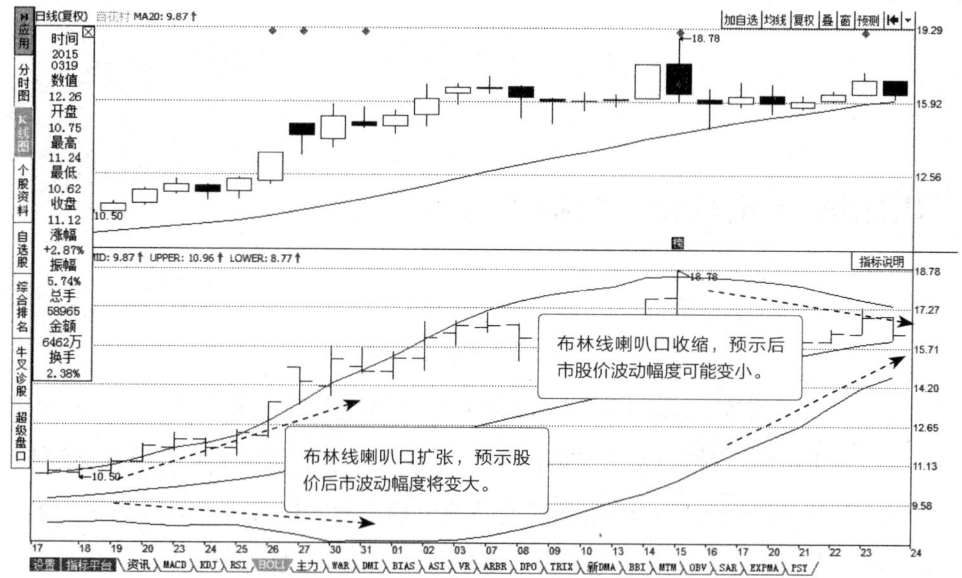

图6-10 布林线的扩张与收缩

极度收缩之后，往往就是极度的扩张。因此当布林线的喇叭口极度收缩时，就预示着后市股价将迎来一轮单边的暴涨或暴跌行情。

布林线喇叭口的收缩与扩张，只预示着股价后市的波动幅度可能将变大，不能作为股价后市涨跌的根据。

当布林线的喇叭口逐渐趋于收缩时，投资者需要注意，由于此时股价波幅越来越小，来进行短线波段交易可能不太适宜。投资者此时应该保持空仓观望，等待后市股价上涨趋势明确后，再入场不迟。

操盘金言

BOLL线指标不太适合在大牛市中使用，如不了解这一点的投资者在2007年、2014年的大牛市用它们来指导自己的操作，就会有踏空走势、错过行情的风险。

RSI指标（相对强弱指标）

相对强弱指数（RSI）是通过分析市场买卖盘的意向和实力，从而确认未来市场走势的一种指标。1978年6月，威尔斯·韦德创制了RSI指标，这种指标通过特定时期内股价的变动情况计算市场买卖力量对比，通过买卖力量对比来判断股票价格内部本质强弱、推测价格未来的变动方向。相比起其他分析工具，RSI是其中一种比较容易被大众掌握的计量工具，故而RSI指标自从推出以来，便受到广大投资者的欢迎。

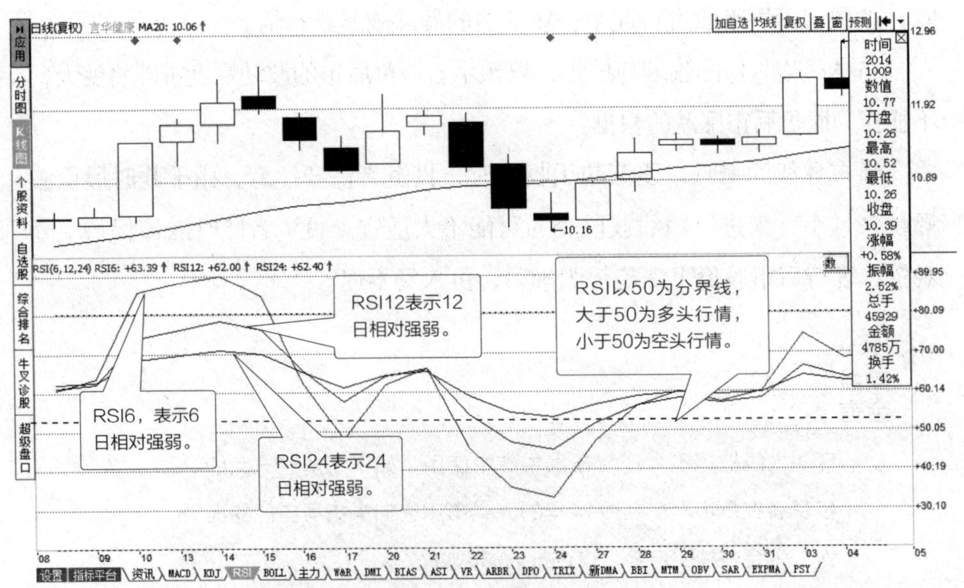

图6-11 RSI指标图

RSI指标最开始被应用于期货买卖，后来投资者发现它也适合于股票市场的短线投资，于是被用于股票升跌的测量和分析中。RSI有三个指数，其中RSI1表示6日相对强弱，RSI2表示12日相对强弱，RSI3表示24日相对强弱。RSI以50为中界线，大于50视为多头行情，小于50视为空头行情（图6-11）。

RSI指标的使用规则如下：

第一，RSI值上升到80时为超买，要密切关注，注意风险；RSI 指降到20时为超卖，股价可能不久会反转，可择机买入。特别建议，RSI值升到70以上时最好卖出。RSI值降到20以下应调整心态，考虑适时进货。

第二，RSI指标在80以上形成M头或头肩顶形态时，视为向下反转信号；RSI在20以下形成W底或头肩底形态时，视为向上反转信号（图6-12）。

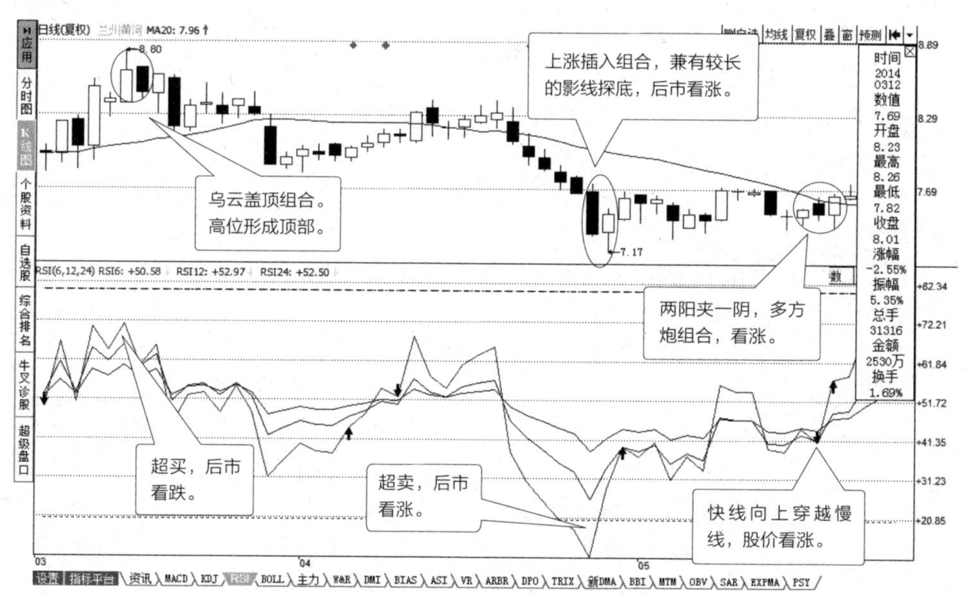

图6-12 RSI指标应用图

实战中，当发生单边行情时，该指标在高档或低档时会有钝化的现象。因此，会发生过早卖出或买进，容易发出错误的操作信号。

另外，投资者还要特别注意走势背离情况。价格上升，RSI指标变弱，说明买方力量不强，最好先卖出手中的股票。而价格下跌，RSI指标变强，说明买方力量比较强，可以坚定持有股票。

操盘金言

RSI指标是中长期技术指标，需要配合其他技术指标共同分析，提高准确率。中长期投资者可以多参考RSI指标。当快速RSI指标线向上穿越慢速RSI指标线，可以买入股票。相反，当快速RSI指标线向下穿越慢速RSI指标线，则应该卖出股票。

K线分析中的量价对比

K线走势应配合成交量来看。成交量是判断股票走势的重要依据，可为分析主力行为提供重要依据。在实战中，成交量代表的是力量的消耗程度，反映了多空双方博弈的激烈程度，而K线则是博弈的结果。投资者如果想利用K线组合预测股价走势，只看K线组合，不看成交量，其效果将会减半。

放量、缩量与量价关系

为了方便我们更准确地掌握股市动态，我们有必要学习有关成交量的基本知识。事实上，K线分析技术也离不开成交量分析。下面我们先来了解几个基本概念：放量、缩量（见图7-1）、量价同步和量价背离。

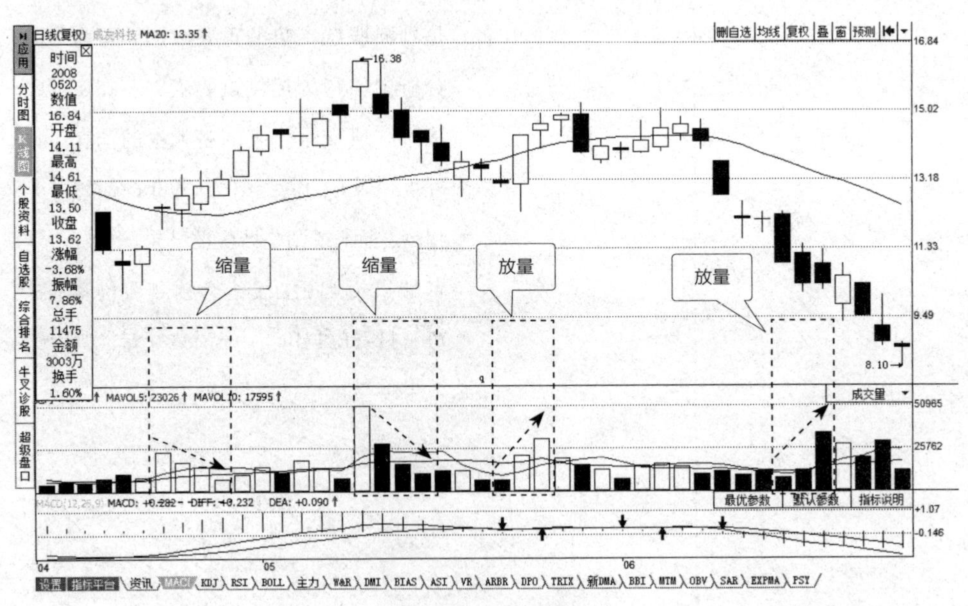

图7-1 放量与缩量

1. 放量，是指个股在某个时间段的成交量与其历史成交量相比，有明显增大的迹象。此时，一部分交易者看空后市，而另一部分交易者则坚决看好后市，于是有人纷纷抛售，有人大笔吸纳。但是放量相对于缩量来说，有很大的做假成分，因为主力可以利用手中的筹码和资金进行对敲。

2. 缩量，是指个股在某个时间段的成交量与其历史成交量相比，有明显减小的痕迹。缩量往往发生在趋势的上升或下降的进行中，多空双方基本上持相同的看涨或看跌态度，导致看涨时少有人抛售，看跌时少有人买入，成交量自然无法扩大。

了解放量和缩量之后，再考虑股价的涨跌趋势，这就要了解量价配合的情况。量价配合主要有两种状况：量价同步和量价背离（见图7-2）。

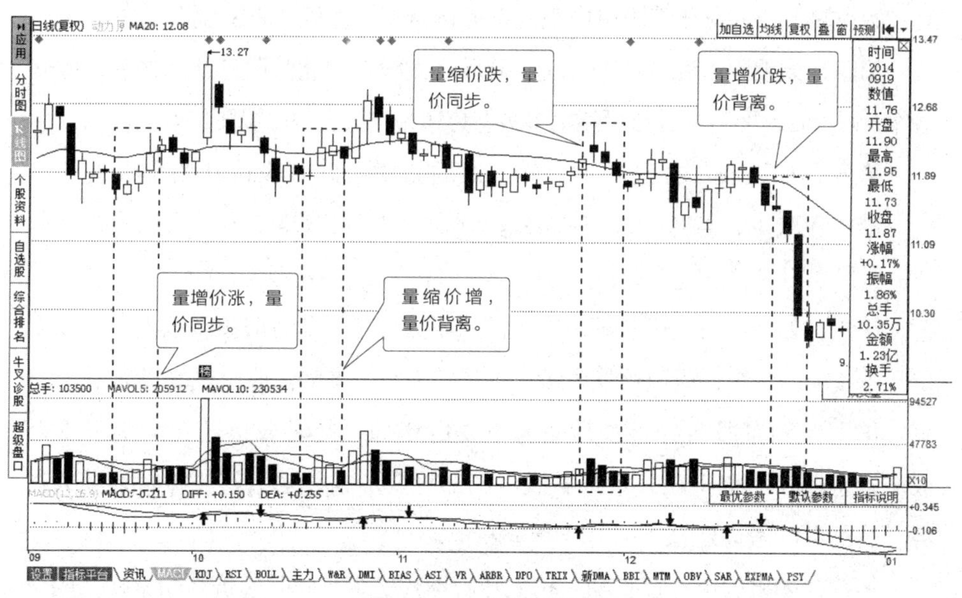

图7-2 量价同步与量价背离

1. 量价同步，是指成交量的增减与股价涨跌成正比关系。量价同步可分为上涨同步和下跌同步。上涨同步是指成交量增加的同时股价上涨，形成量增价涨的状态；下跌同步是指成交量减少的同时股价下跌，形成量缩价跌的状态。

2. 量价背离，是指成交量的增减与股价涨跌成反比关系。量价背离可分为上涨背离和下跌背离。上涨背离是指股价上涨时成交量没有放大，形成量缩价涨的状态；下跌背离是指股价下跌时成交量没有缩小，形成量增价跌的状态。

在股市实盘操作过程中，量价配合具有十分重要的意义。下面我们就来讲一讲量价配合在实战过程中的运用：

第一，如果股市经过长期一轮下跌后企稳，此时股价上升，成交量也上升，意味着股市由空头态势转为多头态势。股民可以考虑建仓。

第二，如果股市经过长期一轮上升后不太稳定，此时股价继续上升，成交量也继续上升，要警惕股市可能由多头态势转为空头态势。股民最好提前平仓。

第三，如果股市经过长期一轮下跌后企稳，此时股价还在小幅下跌，成交量开始小幅上升，意味着股市由空头态势转为多头态势。股民可以考虑建仓。

第四，如果股市经过长期一轮上升后不太稳定，此时股价开始暴跌，成交量却大幅上升，要警惕股市可能由多头态势转为空头态势。股民最好提前平仓。

第五，如果股市经过长期一轮下跌后企稳，此时股价开始小幅上升，成交量还在减少，意味着股市底部基本形成，空头态势转为多头态势指日可待。股民可以考虑建仓。

第六，如果股市经过长期一轮上升后不太稳定，此时股价继续上升，成交量开始减少，要警惕股市可能由多头态势转为空头态势。股民最好提前平仓。

第七，如果股市经过长期一轮下跌后企稳，此时股价还在小幅下跌，成交量也还在小幅下跌，意味着股市底部将要形成，空头态势将转为多头态势。股民可以考虑建仓。

第八，如果股市经过长期一轮上升后不太稳定，此时股价开始暴跌，成交量开始减少，要警惕股市可能由多头态势转为空头态势。股民最好提前平仓。

操盘金言

成交量的变化和股价的运动是密不可分的两个连体婴儿，谁也没法离开谁，缺失了任何一方。在短线投资者眼中，成交量的重要性甚至超过价格。

价格上涨的成交量分析

股价上涨自有其原因。懂得其中奥妙的人，自然可以心安理得地买卖股票，而如果不懂其中原因，即便买入了上涨的绩优股内心也不安定，一旦遇到风吹草动便草木皆兵，很容易抛掉手中的好股票。结果错过后市的好行情。同样，不懂得股价上涨的原因，很可能会遭遇主力骗线，成为接盘侠，套牢在高位。所以，我们投资股票，要了解股价为何上涨。下面我们将讲述最实用的量价分析方法，从量价配合的角度来分析股价上涨的内在原因，希望你能从中获得启发。

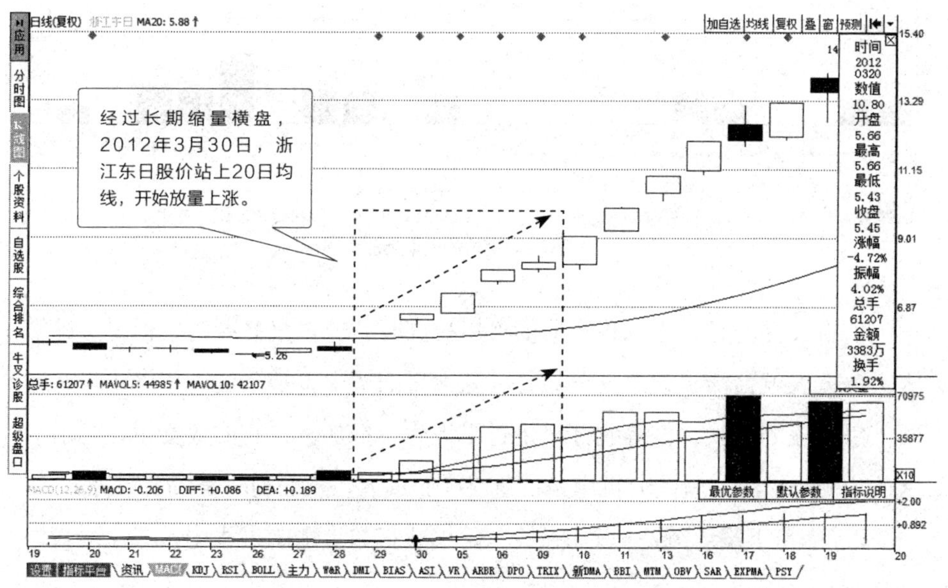

图7-3 放量上涨

1. 放量上涨（图7-3）。股价处于长期低位中，那么买进该股的投资者一定非常稀少，如果这个时候出现巨大的成交量，通常是庄家所为，主要是为了吸引市场资金的跟进。如果底部的放量并非巨量，后市走强的可能性还是极大的。如果该股有控盘程度较高的庄家，那么其未来走势将难以超过大盘。

这是底部的放量上涨，还有在高位平台整理后的放量上涨。一般而言，大牛股高位平台整理后，会出现一根带有较大成交量的阳线再次启动拉升，此时阳线的量能与前期巨量相比明显减少，但是较整理期又明显放大，这是一个筹码锁定的信号。

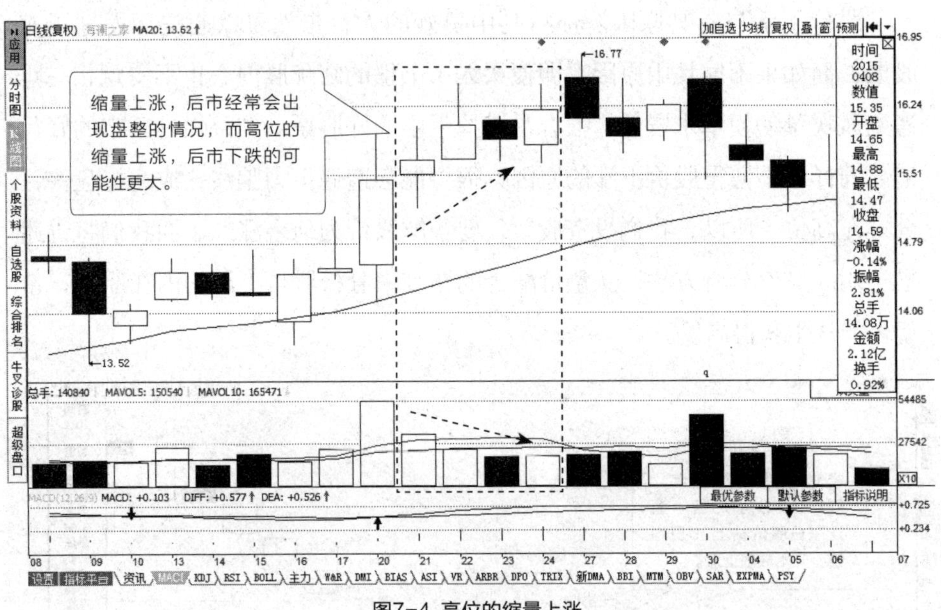

图7-4 高位的缩量上涨

值得关注的是，当一只个股的价格拉高时，放量是必要的，但是不能够太大，太大就会滞涨，涨一分钱都要花大量的买单，那干脆就别涨了。在判断上涨个股的时候，就等它开盘走过半天后，叠加一下它的成交量，与前一天的成交量对比，就能分析出是否量能释放过大，从而判断是否要跟进。

2. 缩量上涨（图7-4）。在股票价格或指数上涨的过程中，成交量较之前的交易日成交量有明显萎缩现象。这种现象说明成交的只是场内资金，场外资金进场不积极。一般来说，缩量上涨表示行情可能有转折或疲软。

在相对低位的缩量上涨说明投资者观望气氛浓厚。空头经过前期的打压，能量也消耗不少，多空对决，多方略胜一筹，接下来量能温和放大，上涨的持续性值得期待。

在相对高位的缩量上涨，应该特别注意。随着股指的上涨，投资者变得谨慎起来，追高意愿不强。一旦后续能量不能随着股指的上涨有所放大的话，见顶回落的可能性较大，此时投资者最好观望。

还有一种特别的情况是缩量涨停。这说明绝大多数持有者对该股无强烈的抛售意向，因此该股可在没有较大抛压的情况之下涨停，成交量就相对比较小。但是如果是被爆炒过的大牛股一旦进入下降通道，缩量涨停多为出货的中继形态，第二天大多低开低走。

实践证明：无论是缩量涨停，还是放量涨停，在其涨停后不出现大抛单就是好品种。投资者如果想要追逐涨停板要结合大盘走势和个股线及均线形态，才能更有效地降低风险。

3. 缩量回调。股价上涨到一定程度，必然会出现回调。事实上，在股票上涨过程最健康的回档就是缩量回调。缩量回调的出现，意味着筹码稳定，通常是主力拉抬股价洗盘使用的股价打压方式，后续上涨的概率较大。

回调缩量的程度说明了市场惜售的程度和浮动筹码被清理的程度。缩量的程度越高，表明回调越充分，重回升势的条件越成熟。

一般情况下，放量突破某个重要阻力位之后缩量回调的个股，常常是不可多得的买入对象，可以多多留意。实际上，回调时成交量的萎缩也限制了主力的出货，因为主力是无法在越来越小的成交量中完成大规模出货行为的。

需要指出的是，如果回调的时间过长，幅度过大，则要高度警惕。实际

上，回调的时间与幅度都与主力拉抬的方式和力度等有一定的联系。

操盘金言

K线组合和成交量配合起来使用效果更好。成交量代表的是力量的消耗，是多空双方博弈的激烈程度，而K线是博弈的结果。只看K线组合，不看成交量，其效果要减半。所以成交量是动因，K线形态是结果。比如，K线图走到低位时，如果出现缩量锤头线，往往是底部确定的信号，这个时候投资者可以买入。

价格下跌的成交量分析

在股市中，有的人希望股价能下跌，方便入场，而有的人则希望股价能够快速上涨，实现赢利。但是现实未必如愿。即便有人如愿以偿，也未必懂得股价为何下跌，而不知道各种原因便盲目地进行股票买卖，这将放大风险。当然，对于股价下跌的看法每个人都不一样。下面我们通过成交量分析，来了解一下股价下跌的情况。就量价配合来看，股价下跌大致可以分成三种情况：缩量下跌、放量下跌和无量空跌。

1. 缩量下跌，是指个股或大盘在成交量减少的情况下，其股价或大盘出现较大跌幅的现象，它意味着多空双方没有什么分歧，一致看跌（图7-5）。

如果当时股价处于阶段性的底部或是在持续下跌的阶段中，那么量缩价跌是自然的现象，它表明多空双方集体看跌，卖家急于找下家买单，但买家则不愿意进场交易，于是就出现了量缩价跌的现状。出现这种状况，往往说明空方能量还没有得到释放，股价继续下跌的可能性很大，一直会持续到多方愿意进场为止。此时，袖手旁观是上策。

如果当时股价处于阶段性的顶部，量缩价跌则说明个股已被主力高度控盘，不是主力不想卖，而是主力找不到人接盘。于是主力任由少量散户左右行情，或者见一个买家就往下面卖一点筹码，因此就出现了量缩价跌的现象。见此状况，交易者应始终回避，因为此时主力的唯一目的就是出货，只要有买家就不会放过交易的机会。

当然，还有一个可能性，那就是现在的顶部根本就不是股价的顶部，只是阶段性的向下调整行为。当市场上的浮动筹码被新的买入者或主力承接后，股价往往又会持续上升。这种量缩价跌的现象，也常常出现在上涨趋势的调整时期。

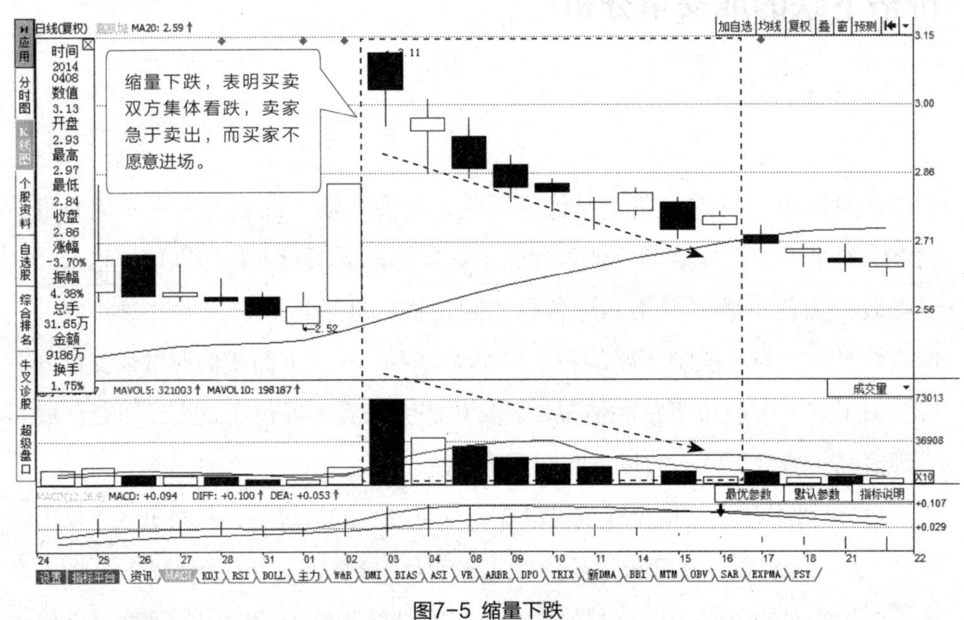

图7-5 缩量下跌

2. 放量下跌，是指个股或大盘在成交量增加的情况下，其股价出现较大跌幅的现象，它意味着多空双方意见发生了较大的分歧，但空头占据了上风（图7-6）。

如果当时股价处于阶段性的底部，量增价跌往往是空方继续发力的表现，它表明市场买卖者虽然发生了多空意见的分歧，但空方对后期的悲观强度超过了多方的乐观估计，导致多方的买入实力不如空方的卖出实力，因而出现了量增价跌的现象。

见此状况，交易者要密切注意，可能真正的底部为时不远了，只要卖方的能量被彻底消灭，达到了跌无可跌的地步，也就是出现了地量地价的极端现象时，转势往往就会来临。此时的放量下跌说明，虽然买方开始出场，但是这里的价格区间还不是市场的底部，只是距离底部不远，可以关注。

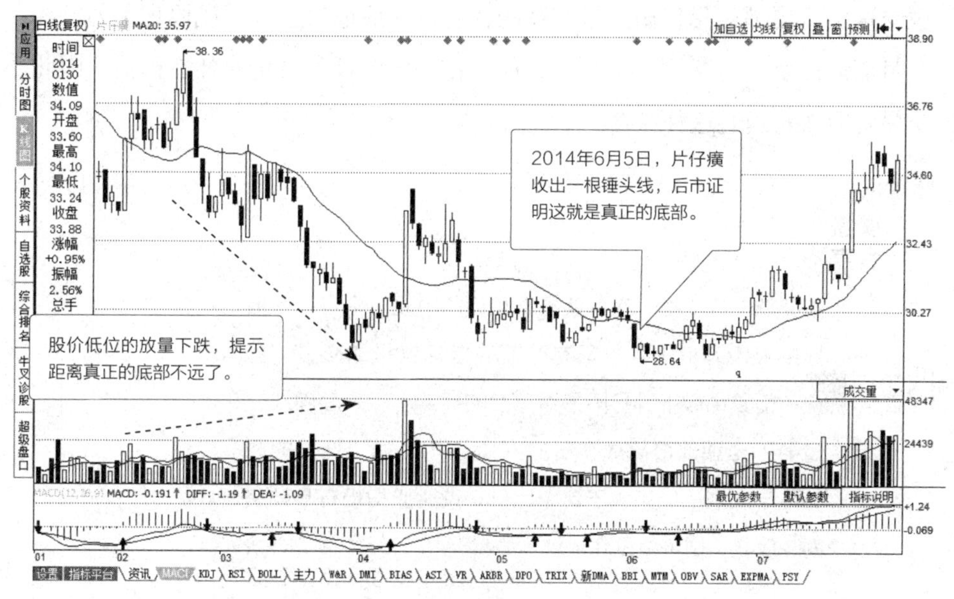

图7-6 放量下跌

如果当时股价处于阶段性的顶部，放量下跌则说明主力开始出货了，买方加大了抛售的力度。由于前期个股展示了充分的财富效应，导致后期很多交易者仍然积极介入，所以此时的成交量往往比较大。当主力机构开始抛售后，股价必然会出现阶段性的跌势，甚至开始反转进入熊市阶段。所以，交易者见此状况则应该赶紧卖出手中的股票。

3. 无量空跌，是指个股在成交量很少的情况下，其股价出现较大跌幅的现象，它是量缩价跌的极端形式，多数出现在一些跳水的庄股或有重大利空消息的个股中。

一些个股在出现重大利空消息后，各路资金往往会不计成本地出逃，而多方则常常持币观望，市场承接力量极度匮乏，因而造成股价大跌而成交量稀少的现象，无量空跌也由此而来。

另外，一些在高位持续横盘的长庄股，一旦出现主力资金链断裂或该股出现重大利空消息时，这类个股就会马上崩盘，其股价更是连续跌停，并且成交量极度萎缩，呈现出无量空跌的状态。一般而言，一只庄股在主力已经全身而退或资金链断裂的情况下，往往在一年内都不会再有什么行情，因此交易者要注意规避这种风险。

操盘金言

不要忽视成交量，在解读主力盘口的时候，众多技术指标中最没有欺骗性、最有价值的指标就是成交量。另外，衡量中级下跌行情是否见底的标准，就是底部成交量要缩至顶部最高成交量的20%以内。如果低位的成交量与天量的比率大于这个比例，说明股指仍有下跌空间；反之，则可望见底。

牛市与熊市的成交量分析

市场是熊是牛，可以从成交量的变化看出来，同样的，一只股票的牛熊也可以通过成交量变化反映出来。如果你懂得这方面的知识，便可以淡定持股、从容抛售，从而达成稳定获利的目标。必须承认，股市风云变幻，充满了无常与变数，但是从中长期大势来看有其规律可循。下面我们将为你分析牛市与熊市的成交量变化。

1. 牛市的成交量变化（图7-7）。通常来说，牛市形成的过程中，成交量的变化可以大致分为三个阶段：

（1）温和量增。当个股股价从一个长期的底部开始向上运行时，由于很多持股者依然不看好后市，此时的股票供应量往往会比前期底部的时候要多，导致买入者能买到较多的股票。这个时候，市场常表现出“量增价平”或“量增价涨”的温和状态。

（2）大幅量增。当个股股价从启动阶段进入明显的上升趋势后，买卖成交量随着股价的上扬下挫出现对应的增减变化。总体来说，股价大幅上升，导致成交量大幅增加的局面。这个时候，市场呈现出的是“量增价涨”强势状态。

（3）逐步缩量。当个股股价经过一段时间的上涨进入高价位区间后，由于买卖双方的意见分歧越来越大，导致成交量巨大，同时股价上下起伏跌宕，直至后期买入者减少，成交量无法继续放大。这个时候，市场往往会呈现出“量缩价涨”的势头。

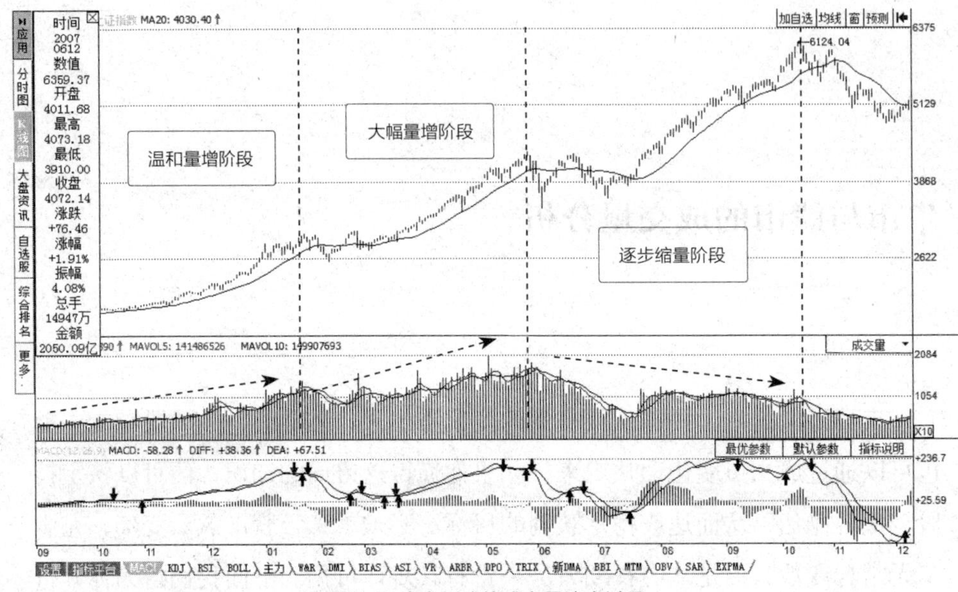

图7-7 牛市形成的成交量演变过程

2. 熊市的成交量变化（图7-8）。通常来说，熊市的形成过程，其成交量的变化也可以大致分成三个阶段：

（1）量增价跌。当股价达到高价位区间后，主力开始出货，宣告了牛市的死亡，主力在高位抛出大量筹码，于是市场便形成了“量增价跌”的情形。

（2）无量阴跌。当个股股价进入持续的下跌阶段后，明显的熊市信号开始来临，诸多有经验的交易者开始持币观望，即使持股者急于降价成交，也往往找不到买主，于是市场呈现出“无量阴跌”的情形。这是空头能量未能得到释放的时期，交易者不可轻易抢反弹。

（3）量增价跌。当个股股价经过较长时间和较大幅度的下跌后，将步入一个相对低价的区间。于是激进的交易者开始买入，急迫的持股者终于找到了买主，成交量开始递增，直至空头下跌的能量完全释放完毕后，股价才能站稳并出现反转的苗头。此时市场往往呈现出的是“量增价跌”的势头，表明股价将接近底部区域，交易者可以做好入场的准备。

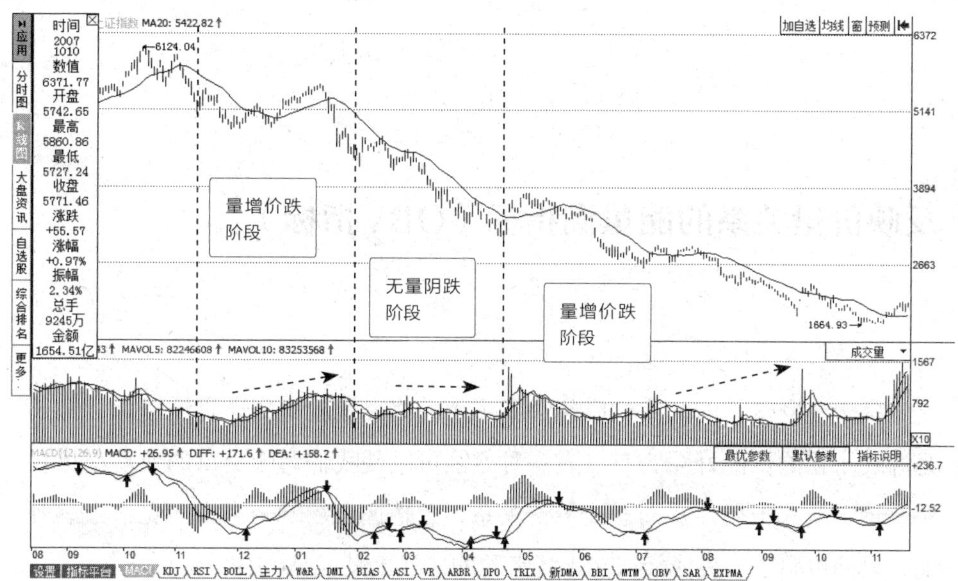

图7-8 熊市形成的成交量演变过程

关于牛市和熊市的成交量发展阶段，在细微处并不完全吻合，会存在一些差异，而大致的走势确有规律可循。这是量价分析的特点导致的。

从图7-7和图7-8可以看出，无论是牛市还是熊市，都不是一朝一夕形成的，都是非常漫长的过程。在当时看未来，你未必能预料未来是牛还是熊。股市中有句名言："行情总是在绝望中产生，在犹豫中上涨，在疯狂中死亡。"如果你热爱分析，能透过成交量的变化来发现规律，就会发现这句名言说得一点也不错。

操盘金言

牛熊转换的成交量发展规律并不拘泥于大盘指数，同样也适用于个股走势的分析，试一试，将能锻炼和提高你的股票分析能力。

反映价量关系的能量潮指标（OBV指标）

关于成交量，前面我们已经讲了不少，终究是放量好还是缩量好，抑或是温和平稳的量能好呢？有没有一种方法可以使我们对成交量的变动趋势有更快地了解和把握，进而通过量价关系，去把握市场的未来走向呢？当然有的，最简单明了、最能经得起市场考验的实战工具就是OBV。

OBV指标即累积能量线指标，俗称能量潮，是由格兰维尔于1963年提出的。能量潮是将成交量数量化，制成趋势线，配合股价趋势线，从价格的变动及成交量的增减关系推测市场气氛（图7－9）。

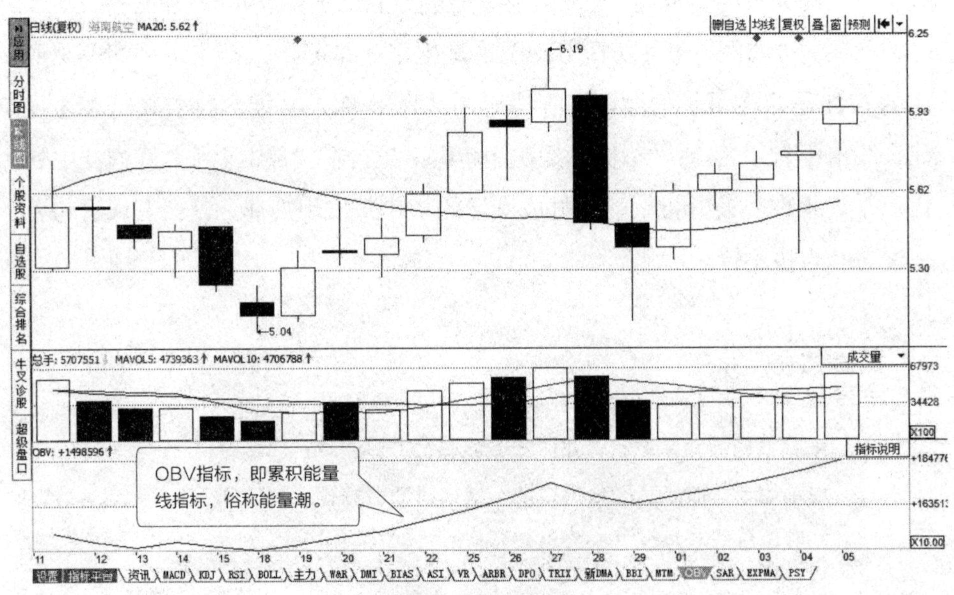

图7－9 能量潮指标图

格兰维尔用“浴缸原理”说明OBV指标的主要内涵，如果一个人跳进装水的浴缸里，则浴缸里的水会因为水位上升而溢出，一旦人起身离开浴缸，则浴缸内水位会立刻下降。同样的道理，资金注入股市将使OBV指标线上升，资金撤离将造成OBV指标线下降。OBV指标线上升或下降的幅度，则要看资金的多寡而定。投资市场就好像是沐浴需要有足够的“水”一样，需要大量的资金。

通常，股价上升所需的成交量总是较大；下跌时，则成交量总是较小。价格升降而成交量不相应升降，则市场价格的变动难以为继。

OBV指标方向的选择反映了市场主流资金对持仓兴趣增减的变化。OBV指标的曲线方向通常有三个：向上、向下、水平。当股价上涨而OBV线同步缓慢上升时，表示股市继续看好。当OBV线暴升，无论股价是否暴涨或回跌，表示能量即将耗尽，股价可能止涨反转。N字和V字是OBV指标线最常见的形态（图7-10）。

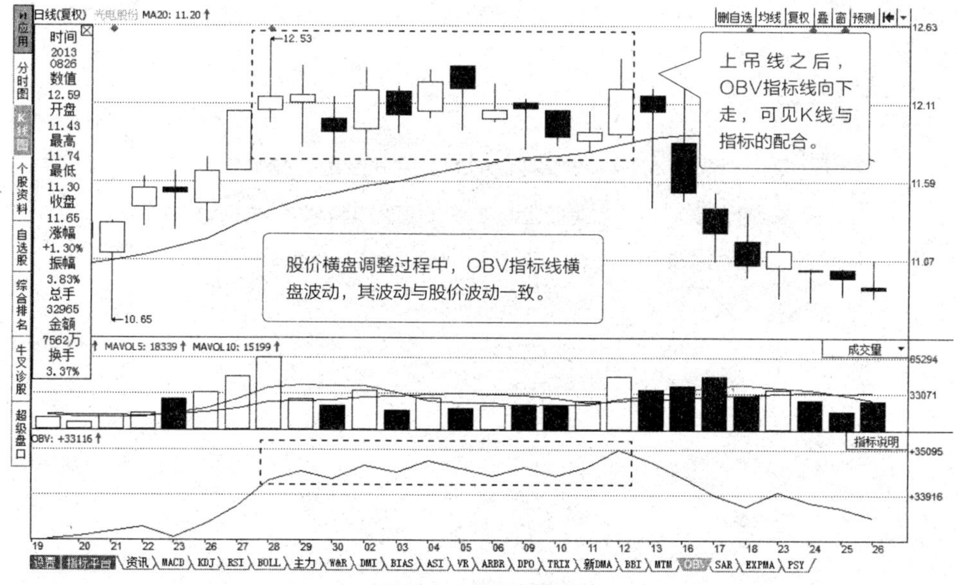

图7-10 能量潮指标运用

第一，当股价上涨，OBV指标同步向上，反映在大盘或个股上的就是一个价涨量增的看涨信号，表明市场的持仓兴趣在增加；反之，股价上涨，OBV指标同步呈向下或水平状态，实际上就是一个上涨动能不足的表象，表明市场的持仓兴趣没有多大变化，这样大盘或个股的向上趋势都将难以维持。

第二，当股价下跌，OBV指标同步向下，反映在大盘或个股上的就是一个下跌动能增加的信号。市场做空动能的释放必然会带来股票价格大幅下行，当这种情况发生时，投资者应该首先想到的是设立好止损位和离场观望。在这种情况下，回避风险成为第一要点。

第三，当股价变动，OBV指标呈水平状态，这种情形在OBV指标的表现中最常见到。OBV指标呈水平状态，首先表现为目前市场的持仓兴趣变化不大。其次表现为目前的大盘或个股为调整状态，投资者最好的市场行为是不要参与调整。当股价下跌时，OBV指标呈水平状态是股价下跌不需要成交量配合的一个最好的表象。这种股价缩量下跌时间的延长，必将令投资者全线套牢。

操盘金言

在证券市场中，价格、成交量、时间、空间是进行技术分析的四大要素，由此我们应该清楚，OBV指标作为成交量的指标不能单独使用，必须与价格曲线同时使用才能发挥作用。

透过K线变化揭开主力底牌

主力又称庄家，因持有巨额的控盘资金，对个股的走势影响力巨大。主力与散户是股市中的两大阵营。散户投资者行动分散，难以形成合力，是趋势的追随者，只能被动地追随个股的走势，而主力实力强大，是趋势引导者。主力入驻的个股往往会走强。因而，摸透庄家意图，展开跟庄操作，将能够让投资者分享庄家拉升所带来的丰厚利润。

吸货阶段的K线分析

在股市中，主力坐庄的基本步骤是：吸货、洗盘、拉升、震仓、出货。在实战操作过程中，各步骤的K线形态可能会非常复杂，吸货和震仓的过程会反复多次，拉升出货会以二次回档的方式进行。对于投资者来讲，要想实现与主力共底，就需要对主力坐庄的基本步骤予以研究。

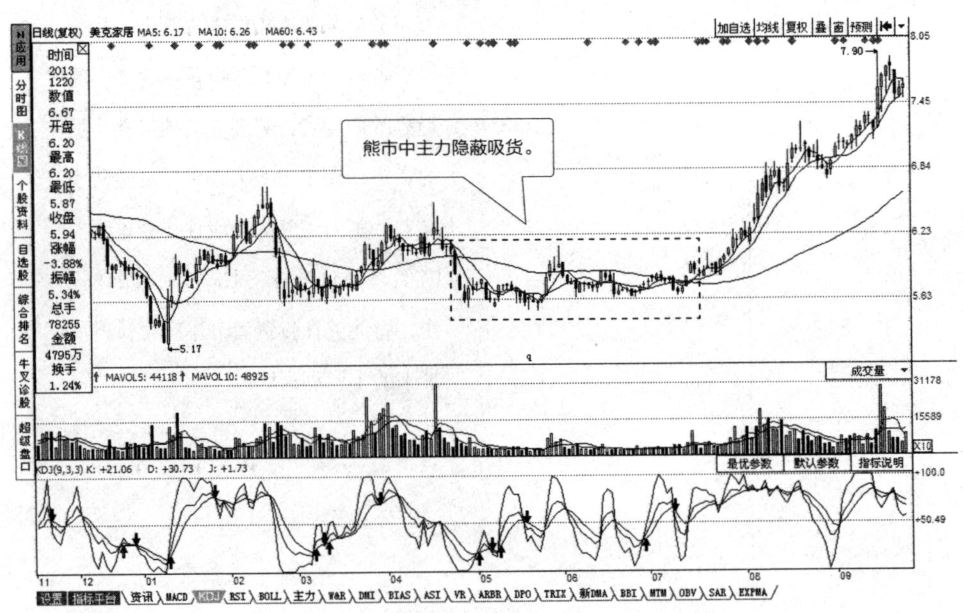

图8-1 主力隐蔽吸货

主力吸货是指在股市中庄家介入某一只个股，在一段时间内不断买入（建仓或加仓）的行为。一般所说的吸货都是指主动吸货，被动吸货则是指主力在操作股票的过程中遇到事先没有料到的局面，而不得不通过大量买入来达到目标的行为。

通常，主力吸货都很隐蔽，这样做是为了防止散户争抢低位筹码，给自己带来损失。当然，大规模的吸货动作是很难做到不留痕迹的（图8−1）。通常，庄家的吸货大多发生在熊市期间。这是因为熊市的股票都比较便宜，并且熊市也是股民最为恐慌的时候，散户们害怕股价会跌得更低，于是纷纷把股票抛出去。这就成了庄家吸货的最好时机。

既然主力吸货很隐蔽，我们有没有办法发现他们吗？当然有，事实上，无论主力吸货多么隐蔽，也无法不留丝毫痕迹，通过K线图的分析，便能发现主力的存在。根据我们研究，主力吸货时K线通常具有这样几个特征：

1. 慢牛的走势。主力进场吸货，改变股票的供求关系，使得股票的下跌动能被完全抵消，股价呈现缓慢上扬的格局。主力操盘一只股票通常需要大量的筹码，当然希望能快一点吸入，但是如果吸货过猛的话，就会引发这只股票迅速上涨，大众将会抢夺低位筹码，这样的话，将不利于主力。所以，主力的吸货大多数时候是温和而隐蔽的。当然也有例外情况，比如在大牛市来临的时候，整个市场的资金非常充裕的时候，主力资金也会变得大胆起来，有可能毫无顾忌地使用快速吸货的手法。

2. 连续不断的小N字形态。主力建仓一般是将股价有计划地控制在一个价格区域内，当股价经过一段慢牛走高之后，庄家通常会以少量筹码迅速将股价打压下来，这段快速打压，我们通常称为“快熊”，主力为的是重新以较低的价格继续建仓，如此反复，在K线图上就形成了一些牛长熊短的N字形态（图8−2）。另外，要注意这种走势所发生的位置，只有相对低位的牛长熊短，才可能被判为主力吸货，在一只股票已经上涨了很大幅度之后的牛长熊短，仅可以理解为主力不大可能出货，而不能简单地理解为主力正在加仓。

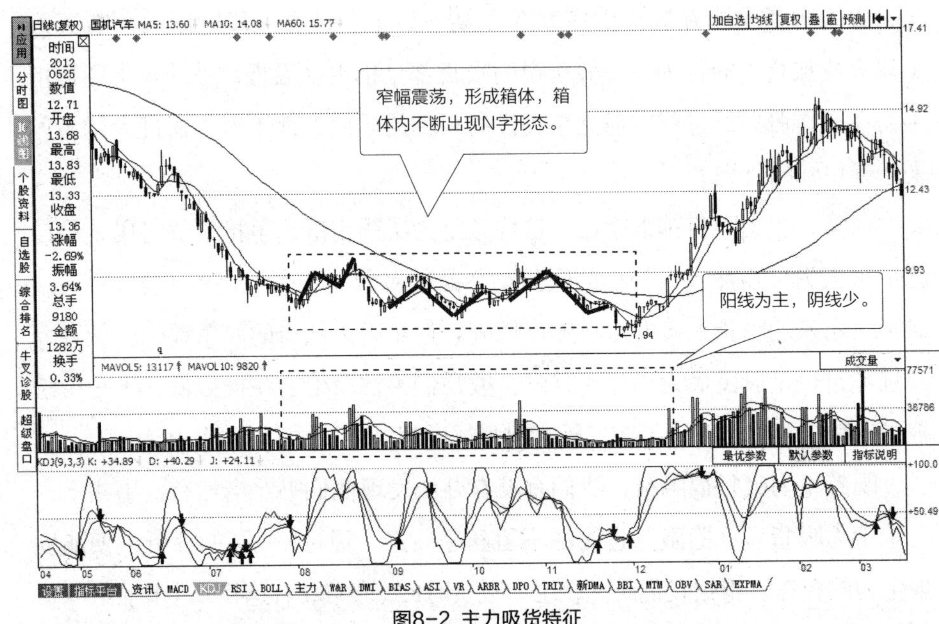

图8-2 主力吸货特征

3. K线图上基本以阳线为主，夹杂少数阴线。主力吸货阶段为了在一天的交易中获得尽可能多的低位筹码，通常采取控制开盘价的方式，使该股低开，而当天主力的主动性买盘必然会推高股价，这样收盘时K线图上常常留下红色的阳线，在整个吸货阶段，阳线多，阴线少。

4. 在比较狭窄的区域内横盘整理，往往是主力吸货留下的痕迹。通常个股的跌势只有在主力资金进场的情况下才能真正得到控制，如果下跌趋势转为横盘整理趋势，而且横盘的区间又控制在一个很窄的范围，则基本上可以认为是主力资金已经进场吸货，股价已被主力控制在建仓价格区间之内。

5. 在股价的底部区域反复出现十字星、T字线等K线，是十分明显的主力吸货痕迹。需要强调的是，K线图上出现的十字星往往意味着事情不寻常。如果高价位出现巨量的十字星大多是出货信号，而低价位反复出现小十字星则往往是主力吸货的痕迹，这些十字星往往伴随着温和的成交量、低迷的市场气氛、隐约的利空传闻和投资者失望的心情。这些小十字星夹杂着小阴小阳不断出现，逐渐形成一个窄窄的横盘区域，持续的时间达几个星期或更长，这便是十分明显的主力吸货痕迹（图8-3）。

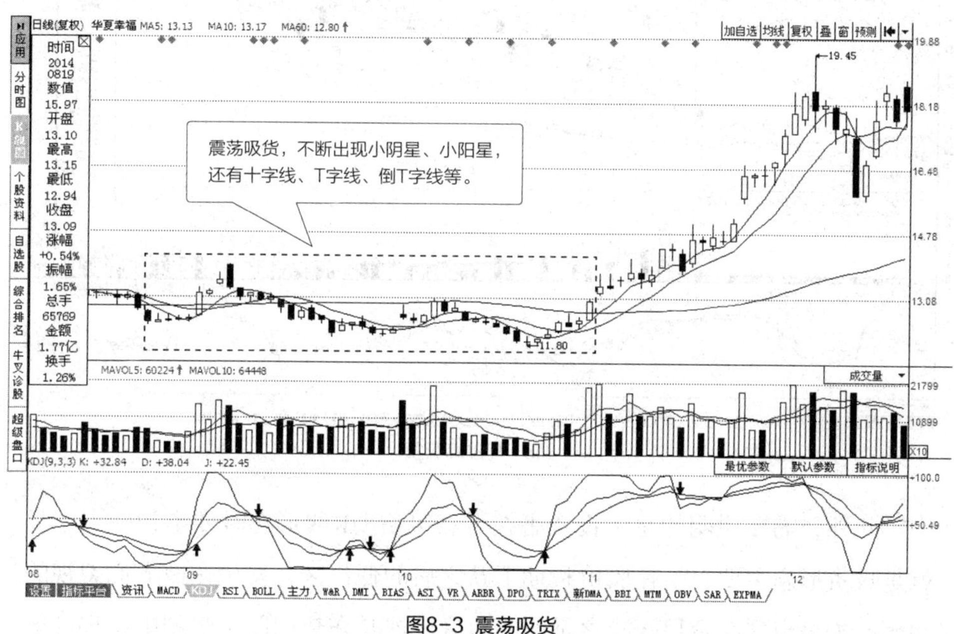

图8-3 震荡吸货

6. K线组合在低位出现圆弧底、W底、头肩底、三重底、U形底、V形底等。

7. 箱体中波动的频率加大。通常股价上涨时成交量放大，而股价下跌时成交量明显萎缩。在低迷的股市中会表现出一定的抗跌性，时常有下影线出现，从技术指标来观察，有底背离现象产生。市场开始有一些有关该股的消息流传，但是股价和成交量基本没有反应，有时还会小幅下跌几天。

8. 在吸货末期，由于浮动筹码非常稀少，主力不得不将股价稍稍推高，以便吸到更多的筹码。在K线形态上表现为逐步向上的小阳线，但这些小阳线还没有达到足以引起投资者注意的程度，当主力以大成交盘和大阳线拉起股价时，投资者才如梦初醒（图8-4）。

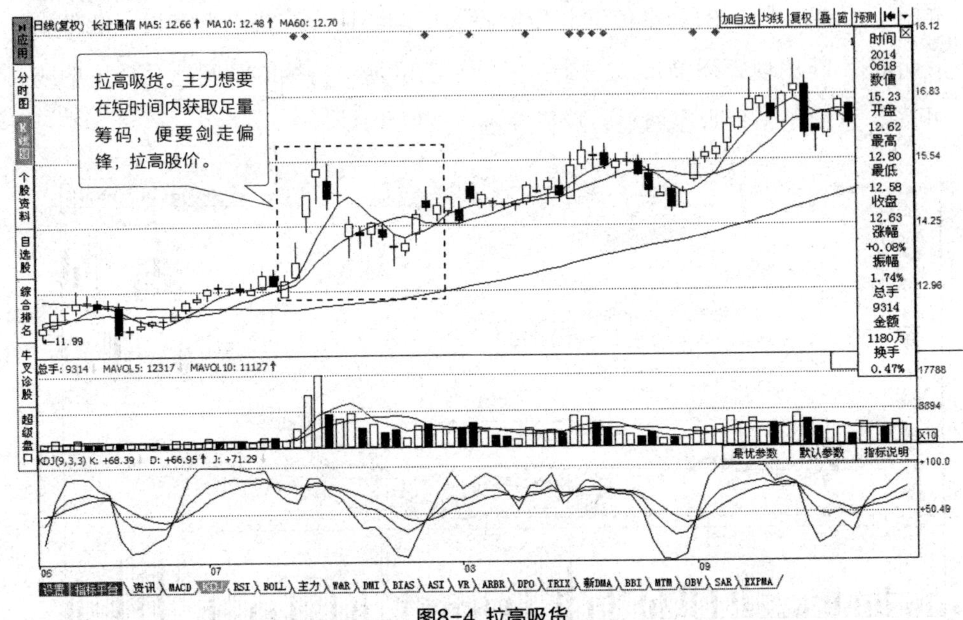

图8-4 拉高吸货

此外，需要说明的是，投资者在寻找吸货型K线形态时要牢记一点，那就是吸货形态主要发生在股价长期下跌之后的低价区，发生在被人们忽视的角落。如果出现在众目睽睽之下的高价区，或是在热门股走势图中，那就很有可能是骗人的把戏。原因很简单，主力只会在低位区域进庄，不会去接被人炒热的盘子。

在实际操作中，投资者一旦判断主力吸货接近尾声，就可以乘机介入，一般都会有不错的收获。实践证明，具备下述特征，便可初步判断主力吸货已进入尾声：

第一，放很小的量就能拉出长阳或封死涨停的次新股。

第二，K线走势随意，脱离大盘走势，走出独立行情，具有这种情况的个股，通常表明大部分筹码已经落入主力手中。

第三，K线走势起伏不定，分时走势图剧烈震荡，成交量极度萎缩。主力到了收集末期，为了洗掉短线获利盘，消磨散户持股信心，便用少量筹码作图。从日K线上看，股价起伏不定，一会到了浪尖，一会儿到了谷底，但是股价总是冲不破箱顶也跌不破箱底。

第四，遇利空打击股价不跌反涨或当天虽有小幅无量回调，但第二天便收出大阳，股价迅速恢复到原来的价位，突发性利空袭来。

操盘金言

与大盘走势相悖的个股通常有主力存在。之所以逆大盘行走，其中的含义是这样的：当大盘下跌时，主力借机吸纳散户抛出的筹码，所以在盘面上显示出的常常是红盘，而当大盘上涨时，由于主力还没吃够筹码，不希望股票上涨，而刻意地打压股价，让散户产生涨不起来的错觉，所以盘面显示的常是绿盘。

洗盘阶段的K线分析

主力洗盘的时候，我们可以在K线形态上发现征兆，如大幅震荡，阴线阳线夹杂排列，市势不定；成交量较无规则，但有递减的趋势；常常出现带上下影线的十字星；股价一般维持在庄家持股成本的区域之上，若投资者无法判断，可关注10日均线，非短线客则可关注30日均线；按K线组合形态的理论分析，洗盘过程即整理过程，所以图形上也都大体显示为三角形整理、旗形整理和矩形整理等形态。除此之外，还有一些常见的K线形态需要特别注意：

1. 连续出现阴线，但股价并未大幅下跌。股价都比较接近，往往构筑一个整理平台，这通常是牛股在中场休息，主力在卖力洗盘。

2. 平缓上升时突然拉出长阴线，跌破布林线指标的下轨，这种走势多为主力的洗盘行为。

3. 上升时突然放量下跌，但很快便收复失地。这时表明主力已经迫不及待，准备拉升了。

4. 上升途中突然出现长影线，也是主力洗盘常见手法。这样在整个K线图形态上就会呈现出短期头部特征，许多抄底资金见此便会离场出局。长长的影线对于前期被套及获利未出货者有着强烈的吸引力，主力利用这部分投资者的恐惧心理使其出货，充分清洗盘中筹码。

5. 股价处于前期技术高点成交密集区或底部横盘区域，主力采取一种大幅高开低走的手法，做出一根高开长阴线，进行震仓洗盘，这样能够让持股者失去方向感，同时，长阴线对持股者的心态有极强的威慑作用，持股意愿不坚定者会很容易被清洗出局。这种洗盘手法比较激进，因此决定了主力之后会采取较为极端的拉升方式（图8-5）。

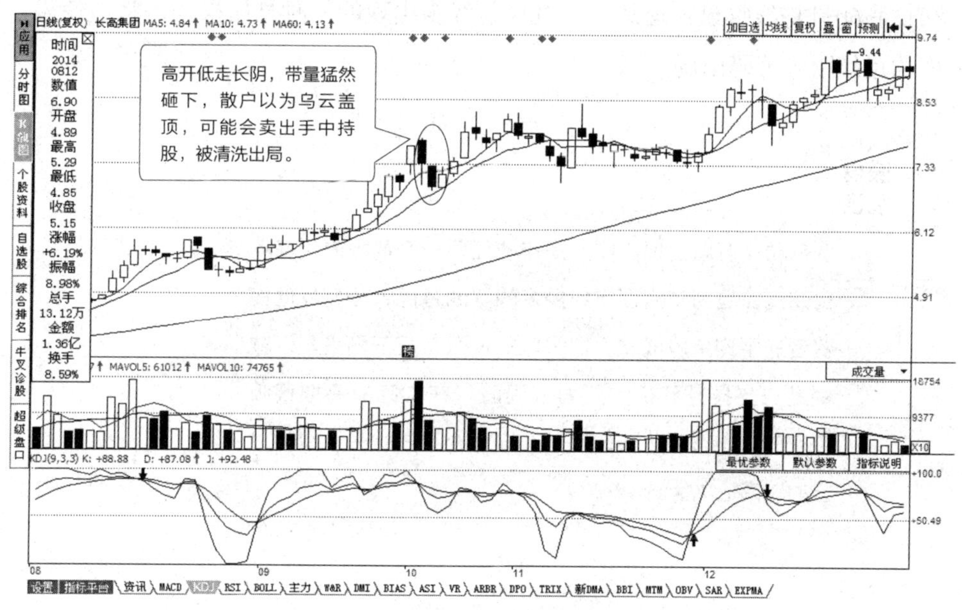

图8-5 长阴洗盘

6. 股价在一波上涨之后，主力在前期头部利用“双飞乌鸦组合”制造陷阱进行洗盘。在K线图上，前面没有出现天量大阳线或吸引跟风的走势，但是突然高位收阴，并在第二天低开低走，且收出近似光脚的阴线。这种洗盘方法动作很快，随后股价则以大阳线连续拉抬，甚至连续地涨停。

7. 个股经过下跌或调整后，抛盘逐渐枯竭，在60日均线下窄幅横盘震荡之后突然出现大阴线破位，或连续的几根大阴线打破平台位置，这种形态多是主力诱空陷阱，随后股价快速拉升。在这种情况下，一旦出现平台破位的走势，短线投资者通常都会止损出局，但是如果第二天出现大阳线，出局者往往会后悔不迭。所以，遇到前面所说的这种情况，投资者不要着急出局，

可以继续观望，到第二天再决定去留。

8. 主力通常在相对的前期高点或成交密集区采用此种方法进行洗盘。当个股从底部走强重新站在60日均线之上、震荡上行时，在走势图上经常出现黄昏之星的形态。这往往是主力在洗盘。技术和图形刚刚走好，突然直接回抽到60日均线收盘。这是主力进攻前经常出现的一种打压操作，将迫使恐慌的短线跟进筹码出局。

操盘金言

洗盘动作可以出现在庄家操作的任何一个区域内，基本目的无非是为了清理市场多余的浮动筹码，垫高其他投资者的平均持股成本，把跟风的投资者赶下马去，以减少进一步拉升股价的压力。同时，在实际的高抛低吸中，庄家也可兼收一段差价，以弥补其在拉升阶段将付出的较高成本。

拉升阶段的K线分析

主力在建仓、整理、洗盘等阶段投入了大量的资金，如果不拉升股价完成出货任务，其成本将会大大增加；再者，随着主力的运作时间延续，主力的意图泄露的可能性也越来越大，这样就会带来不必要的麻烦和损失，股价的拉升可以很大程度上避免这些问题；另外，股价的拉升，可以提升股票的形象和积聚市场的人气，吸引投资者的参与，为日后的出货打下较好的基础。

那么，主力通常会怎样拉升呢？首先，对于主力来说，需要选择恰当的拉升时机。拉升的时机选择不当的话，将会一败涂地。庄家通常会选择下面这样一些时机进行股票拉升的操作：

1. 大势相对平稳的时候。大盘走势稳健，人气旺盛，资金不断进场，大盘节节上扬。此时哪一只股票被拉得越凶，就越能吸引场外资金的追捧。这时，庄家只需少量的资金，就可以轻松地把股价拉高。当然，也有在大势比较弱的情况下拉升的例子，但是成功的概率比较小，而且成本比较高，毕竟这样的情况下，投资者都不太愿意介入个股。

2. 有重大利好消息出台的时候。利好大市的国家经济形势、政策、方针等公布，个股的资产重组题材、送配方案、业绩改善或增长等消息都是庄家拉升的极好时机，哪怕大市处于盘整或下跌市道，利好消息也可成为庄家拉升的兴奋剂，起到锁定筹码、减轻抛压的作用。

3. 所持股票的板块成为热点的时候。股票市场历来有板块联动的规律，特别是趋势向上时，表现得格外明显。庄家准备拉升的股票刚好处于市场的热点板块，这个时候庄家的拉升就会具有很好的隐蔽性。

4. 股票除权的时候。这是庄家拉升出货最常见、最基本、最有效的方法，许多投资者的亏损也是中了这方面的陷阱。股票除权后股价变低，给人一种突然间很便宜的感觉。于是许多投资者便纷纷买入，庄家便借此机会拉升。

5. 图形及技术指标修复的时刻。现在使用技术分析方法来交易股票的人越来越多，于是庄家便千方百计地修复技术指标、画出经典的技术图形，造出三角突破、棱形突破、头肩底突破、圆弧突破、颈线位突破等假象，诱惑技术派投资者入场，以减少拉升的阻力。

6. 拉升现象通常出现在同一交易日开市不久或收市前几分钟。这主要是因为散户在刚刚开市时和闭市前并不知道自己所持的某只股票是否会上涨和上涨多少，所以此时挂出的卖单较少。庄家只需动用很少的资金就能将散户的卖单统统吃掉，从而轻易达到拉升效果。

拉升需要选择恰当时机，更需要注意合适的手法。因此，除了拉升时机，拉升的手法也要认真选择。当然，我们应该了解，每一个主力的操盘风格都是不同的，不过就拉升方式来说，大致可以归纳为这么几种：

1. 快速拉升。采用这种方式拉高的庄家一般都是资金实力十分雄厚的，在低位收集大量筹码，操作手法极其凶狠，常常连续拉大阳线或涨停板，制造井喷式行情，这样既可以节省资金，缩短拉升时间，又可以打开上升空间。这种方式多出现在小盘股或部分中盘股。通常具有投资价值或有特大的利好题材作为支持，市场基础良好，投资者的追涨意识十分强烈。主力并不在乎剩余筹码的威胁，在日K线图上经常会跳空高开，形成突破缺口，短期内一般不会回补，其操作的股票一般都成为市场中的黑马股。 如果投资者中途下马，会后悔不迭（图8–6）。

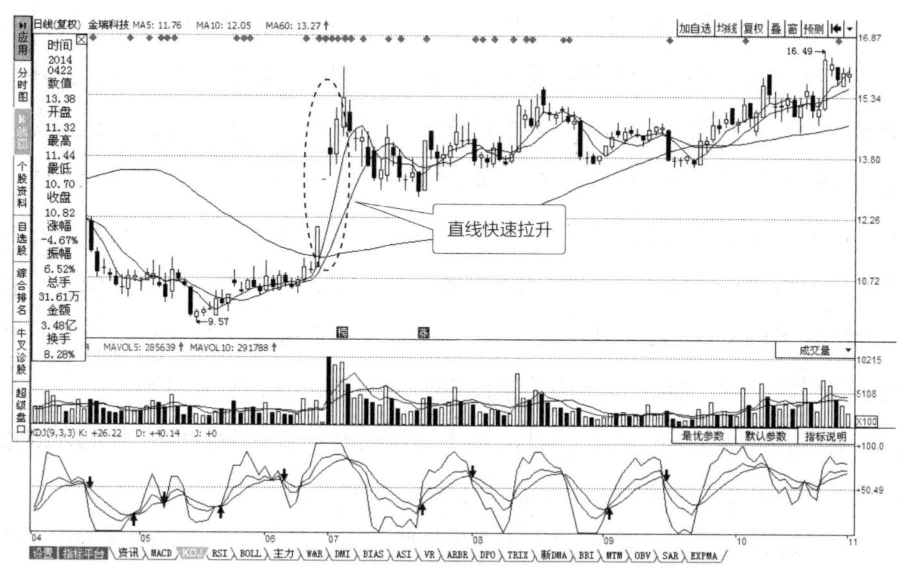

图8-6 快速拉升

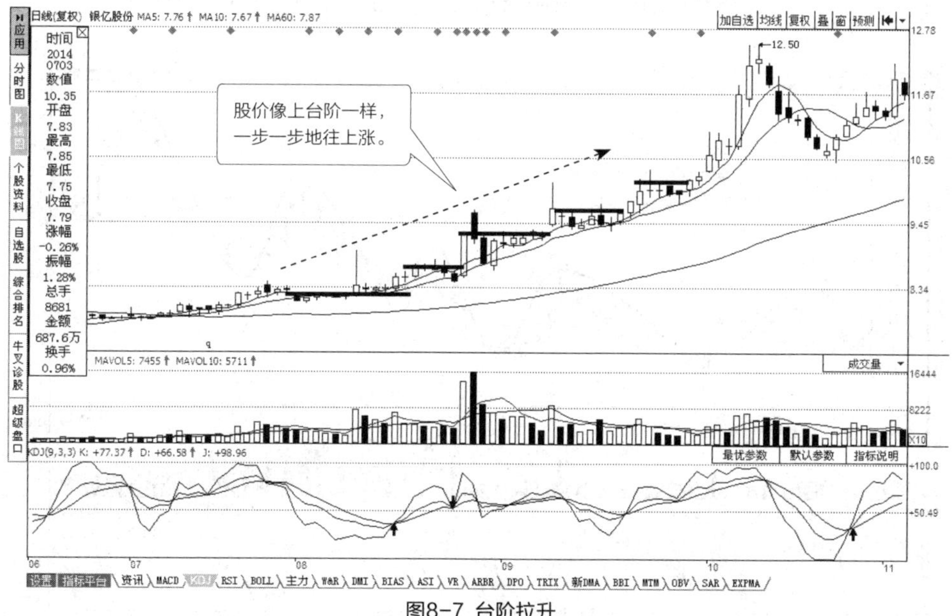

图8-7 台阶拉升

2. 台阶拉升。从走势上来说，台阶拉升的走势简单明快。从形态上看，台阶拉升在股价上涨了一定幅度后采取平台或强势整理的方法，经过清洗或赢利盘换手后再度拉升，股价呈现出台阶样步步高升。台阶式拉升适用于主力实力较强、运作项目基本面优良、后市存在重大题材的大盘绩优个股。这种主力操作风格通常较为稳健（图8-7）。

在大盘或者人气较旺的时候，主力适时抛出一部分筹码压制盘面；在大势或者人气较差的时候，主力又适当地买进一部分筹码进行护盘，由于长时间股价处于横盘状态，保持不涨不跌的态势，从而促使下挡早期跟进的获利盘出现焦躁不安的情绪，信心不坚定者草草出局，信心坚定者继续持仓，而看好后市的新多头则兴高采烈地入场买进。这样经过充分换手，其他人的投资成本就提高了，从而为下一波拉升行情打下坚实的基础。

3. 波段拉升。这种方式多发生在大盘股及中盘股上，在市场中表现出十分稳健的姿态，比较容易被投资者所接受。其特点是股价有起有伏，一波又一波，状似浪涌，但股价的低点和高点在不断抬高，所谓一浪高过一浪（图8-8）。

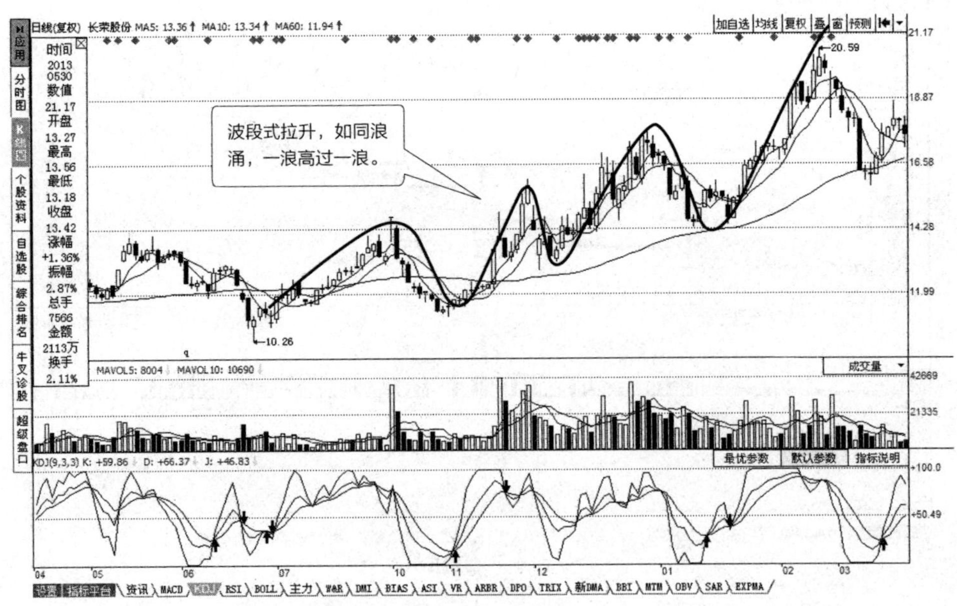

图8-8 波段拉升

许多主力会采用这样的方法进行拉升。此手法通常是在拉升过程中进行洗盘，尤其是在遇到阻力时，以小幅回落或横盘震荡的整理走势来消化阻力，并完成散户低成本向高成本换手的过程，尽量减轻拉升时的阻力，然后趁着利好消息或市场良好的氛围再将股价拉高一个波段，进入个股价箱。形成突破之后，股价进入加速上扬的阶段。

4. 震荡拉升。在股价上涨的过程中，主力人为地制造股价的波动，虽然股价大级别的上升趋势始终未变，但是从短线上来讲，股价上下的落差空间往往是较大的。由于庄家手中持仓量不足，所以，当股价上涨到一定高度以后，便会先进行相应的减仓操作，而当股价回落到一定的低点后，庄家便会再度入场建仓。通过这种高抛低吸的操作，主力可以不断降低持仓成本，同时提高跟风者的持仓成本。

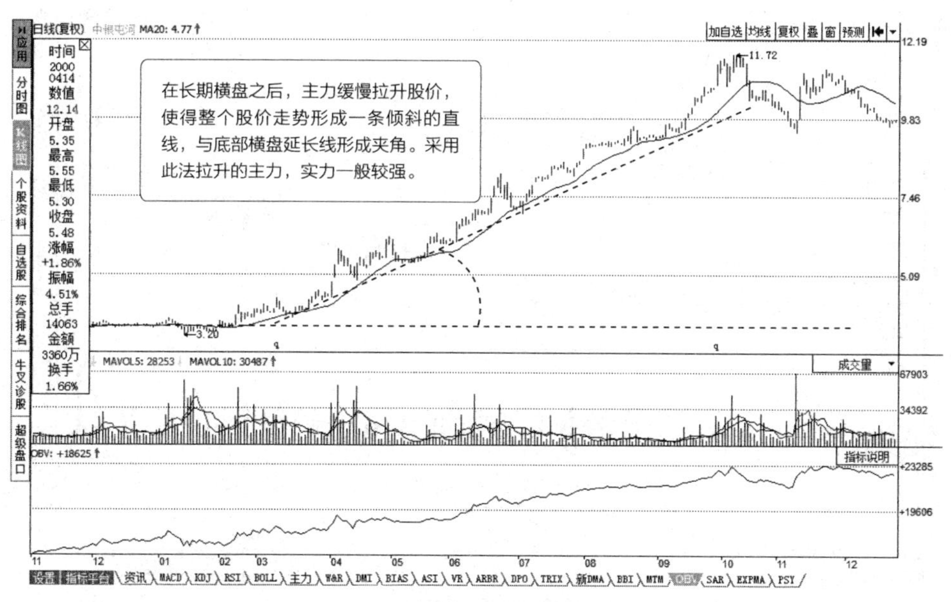

图8-9 斜角拉升

5. 斜角拉升。主力沿着一定斜率的直线拉升股价，在当日走势上，表现为下方有大量大额的买单，以显示主力的实力，然后一分一秒地把股价往上拉升；拉升一段时间后，还常常放下鱼钩，以吸引散户去逢低吸纳，然后又将股价拉上去。采用此法拉升的主力，实力一般较强，出货时往往还会有上市公司题材配合（图8-9）。

6. 随意拉升。一般来说，此类主力的资金雄厚，股价是以小阳的方式连续上扬，并且常常不理会大盘的涨跌，操纵股价时不讲章法，我行我素、独来独往，个股的走势完全取决于主力的意图，其拉升的目标都非常之高，个股的市场跟风盘也是良好。在这种拉升的过程中，主力对筹码的控制其有绝对的主动权。

7. 复合拉升。有些主力坐庄时还没有形成自己的风格，在拉升过程中会尝试各种各样的手法，因此不太好判断。许多老练的主力在拉升手法上更是常常出新，让普通投资者很难弄清楚到底是拉升还是已经出货。

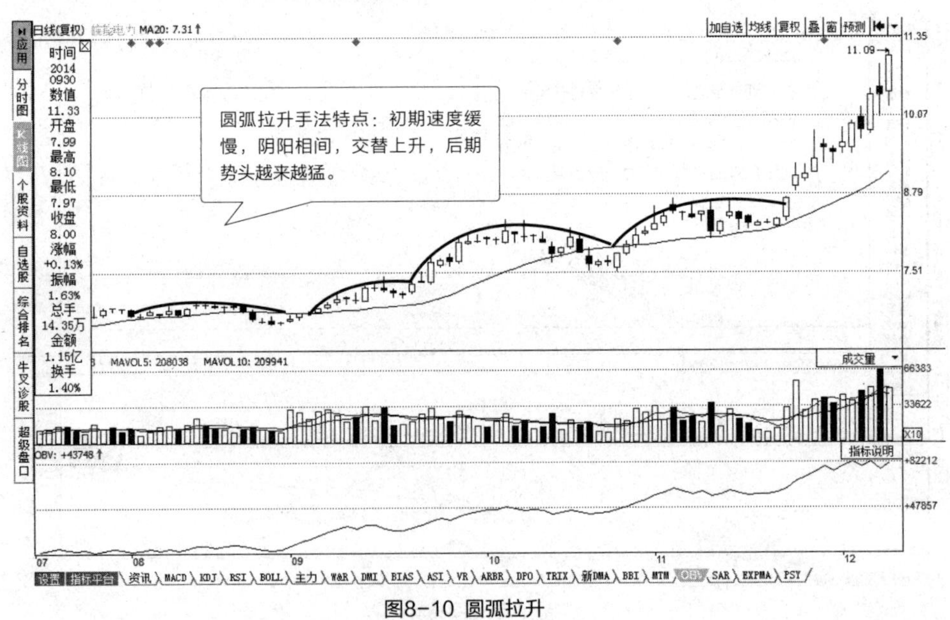

图8-10 圆弧拉升

8. 圆弧拉升。主力在底部吸足筹码后，股价开始步入上升通道，但是尚处于初升阶段，其速度比较缓慢，阴阳相间，交替上升。而后，在推力和惯性的作用下进入正常运行轨道，速度与能量也趋之合理。股价越涨越快，角度越来越陡，势头越来越凶，接着行情进入最后冲刺阶段。整个拉升过程呈现弧形上升（图8-10）。

上面就是主力拉升股价的一些基本手法，当然，拉升股价的方法肯定不只八种，还有许多不同的方式。我们讲述这样几种拉升方法，其目的不是让读者按图索骥地进行股票买卖，而是希望通过这样的分析与解读，让投资者学会思考主力的动作，如果能够经常思考与分析，用不了多久，一个投资新手也会变得像个投资老手。

操盘金言

一般而言，不管主力采取何种方式拉升，在其运作的过程中，总是会留下一些较为明显的特征。通常情况下，主力拉升的K线形态特征有以下几点：一、在拉升阶段中，主力经常在中高价区连拉中阳线、长阳线，阳线的数量多于阴线的数量；二、阳线的涨幅实体大于阴线的跌幅实体。三、日K线经常连续收阳，股价时常跳空高开，并且不轻易补缺口，日K线形态中常出现连续三大阳线、上升三部曲、大阳K线等。

出货阶段的K线分析

主力吸货是比较容易的，只要有钱就行，但是出货就不那么容易了，需要有高超的操盘技术。因为现在的散户越来越聪明，一看风声不对，立马就跑。主力持仓量大，要是出货太快，股价波动太大，往往会吓着其他投资者产生犹豫之心，而不敢入场接盘，这样主力就没办法获利，一下不注意就把自己套牢在高位。

因此，主力出货变得越来越隐蔽，如果普通投资者对主力出货的手法不了解，还容易掉入陷阱而被套牢。那么，主力出货时市场有什么特别的地方呢？下面我们来了解一下。

1. 在形态、技术、基本面都要求上涨的情况下股价却不涨，这就是主力要出货的前兆，这种例子在股市中是非常多的。形态上要求上涨，结果不涨；技术上要求上涨，但还是没有上涨；还有的是公布了预期的利好消息，基本面要求上涨，但是股价不涨。这些都是主力出货的前兆。

2. 有大量的利好消息涌现。主流的媒体如各证券报刊、电视台、广播电台等出现各种投资价值分析报告，大肆宣传该股，有些股评人也纷纷推荐该股，这些宣传无非是想证明该股价格与价值背离，股价严重低估等。如果短线投资者仔细留意一下就会发现，这些报告的出现大多在股价翻番的时候。在股价刚开始上涨时是不会有这些好消息的。利好消息太多，往往是主力萌生退意而故意放出的烟幕弹，目的就是为了掩护自己的出逃。遇到这样的情况，技术高超的短线投资客可以快进快出，获得赢利。

3. 当某一只股票的传言满天飞的时候，也是庄家将要出货的时候。庄家通过网络传播利好的传闻，其选择网络散播传言的原因是即使消息是假的也可以不负责任、无人追究，并且总能让一部分投资者相信传言是真的。主力通过一些朋友把这些所谓的内幕消息传播出去。通过这两种手段，使跟风的投资者增多，主力稍稍发力，跟风的接盘客就蜂拥而来，主力就能很容易地卖掉手中的持仓。

4. 主力将出货时，总是会把声势造得很大，股评也纷纷说大盘将不断创出新高。其实，这是掩护主力退场的烟幕弹，是为了掩护大部队撤退，主力往往会拿出一部分资金，抓住一些盘子小、利好题材的个股大炒特炒，制造黑马狂奔、天天涨停板个股不断的狂热气氛，使退场的投资者又返身进场，捕捉股价高企的黑马。这样，就帮助主力稳住大盘，使大主力获得更多顺利出逃的时间。

以上四点投资者要特别注意。如果你发现市场上有这样的一些征兆，很有可能预示主力要出货了。如果你还是一个操盘手段不十分高超的新手投资者，那么在股价跌破关键价位，不管成交量是不是放大都应该考虑出货。因为对很多主力来说，出货的早期是不需要成交量的。

另外，除了上面一些征兆，我们还可以通过K线形态来捕捉主力出货信号：

1. 当股价被拉到高位后，连续3日出现巨量的长阴线代表大盘将反多为空，投资者可先卖出手中持股。

2. 当股价被拉到高位后，出现连续6～9根小阳、小阴、十字线或较长上影线的K线往往是高位向下的信号，此时追高意愿不足，盘久必跌（图8-11）。

3. 当股价被拉到高位后，出现倒N字形股价走势及M字形的股价走势，是大盘将反转下跌的信号。

4. 当股价上涨到一定阶段，连续放量冲高或者连续3～5个交易日连续放量，而且每日的换手率都在4%以上时，并且出现长上影线，要特别注意主力可能将开始出货了。当最大成交量出现时，其换手率往往超过10%，这就意味着主力在拉高出货。如果收盘时出现长上影线，表明股价冲高回落，抛压沉重。如果次日股价不能收复前日的上影线，成交开始萎缩，明后市将调整。遇到此情况，投资者要注意减仓甚至清仓。

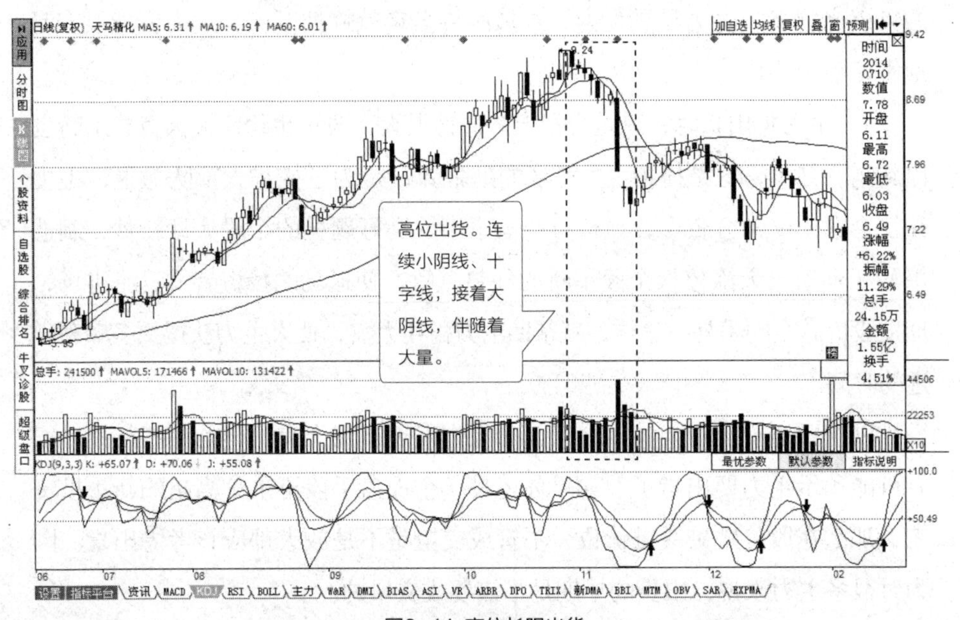

图8-11 高位长阴出货

5. 当股价被拉到高位后，如果出现十字星或长上影线的倒锤形阳线或阴线时，是卖出股票的关键时点。出现高位十字星显示买卖双方分歧强烈，局面或将由买方市场转为卖方市场，市场发生转折，投资者应注意规避风险，可出货。股价大幅上涨后，出现实体为阴的上吊线，反映当日抛售者多，空方占优势，若成交量很大则是见顶信号。许多个股形成高位十字星或上吊线时会形成头部，所以减仓为上策（图8-12）。

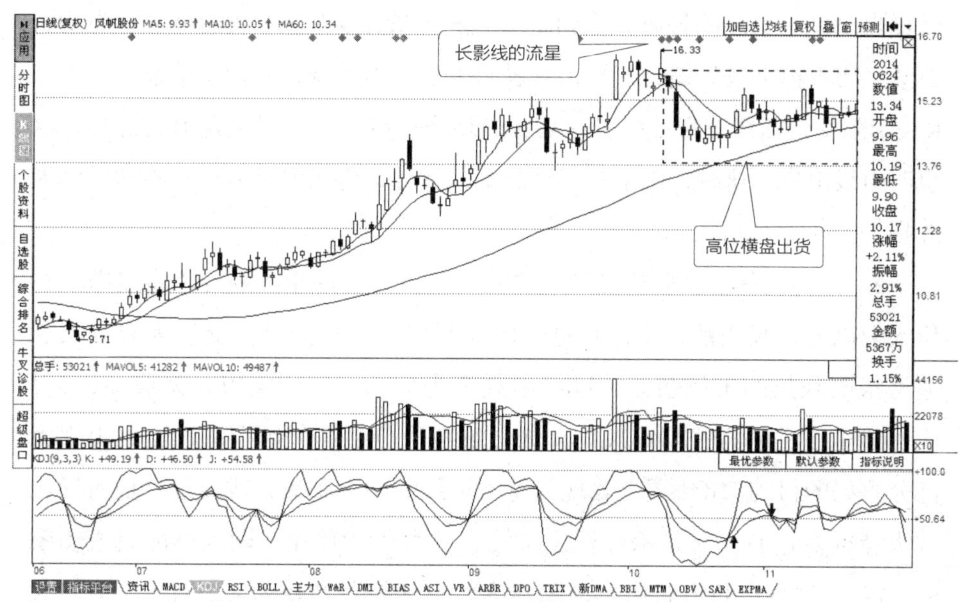

图8-12 高位横盘出货

当股价不再出现新的突破，形成第二个头时，投资者应坚决卖出，因为从第一个头到第二个头都是主力派发阶段。M形的右峰要是比左峰更低，则为拉高出货形态，有的时候右峰也可能形成比左峰更高的诱多形态，随后很快反转下跌，这是非常可怕的，至于其他头形，如头肩顶、二重顶、圆形顶，也都类似，只要跌破颈线支撑，投资者都得赶紧了结出货，免得亏损扩大。

以上是主力出货的信号，下面我们来了解主力出货的常见手法，这将有利于投资者更加清楚地了解。

1．震荡出货法。股价被拉到高位后，在时间和大盘背景允许的情况下，总是在较高的价位卖出以获取更多的利润。因此庄家就会把股价维持在高位摆出以前震荡洗盘的架势，利用跟风盘对震荡行情说后走向的不确定认识，以及对股价会再创新高的幻想，分批缓慢出货，而且庄家为了吸引更多的场外资金进场，会加大震荡幅度，提供获利机会勾引短线客进场以便自己抛出更多的筹码，直到基本完成出货任务。其K线图上表现为均线系统经历大幅上扬后横向走平，它表明上涨动力消减，股价震荡幅度加大，K线阴阳交错而成交量萎缩，一切都表现出一种即将溃退逃跑前的混乱，这也叫中级出货。这时，由于对短线利润的贪婪，跟风盘进入市场将遭受巨大的损失。

2. 拉高出货法。股价被拉到高位，当突发性的重大利好消息发布，股价大幅高开，吸引散户全面跟进。庄家利用股价拉高时成交量大幅放大、追涨氛围狂热的市场条件，以盘中震荡为掩护，采用卖出10万股买进5万股、多出少进的方式与跟风盘冲锋，维持股价继续大幅上涨，达到出手大部分筹码的目的。K线图上表现为有下影线的中大阳线，成交量呈现阶梯式放大特征。还有一种是涨停板出货法，这种出货操作一两天就能完成（图8-13）。这种出货方式庄家风险很大，只能在行情较为火爆时才能有较大把握成功出货。

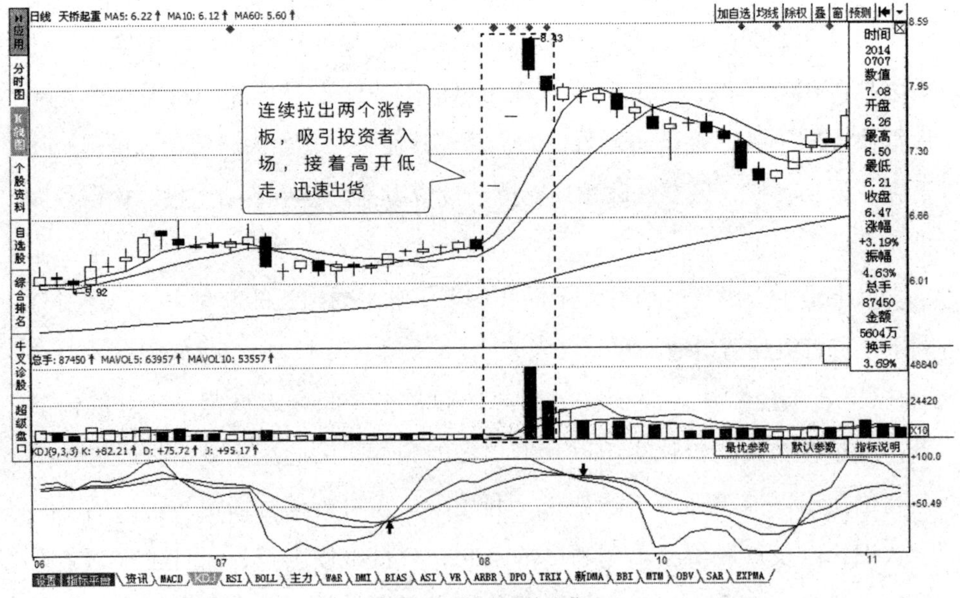

图8-13 拉高涨停出货

3. 打压出货法。庄家直接打压股价出货，往往是因为其发现了突发性的利空，或者其他某种原因迫使庄家迅速撤庄。投资者千万别以为庄家只有拉高股价才能出货，事实上庄家持股成本远远低于大众持股水平，即使打压出货也有丰厚利润。这种出货方式阴险毒辣，容易将股性搞坏，一般庄家不愿采用。股价总体走势呈逐波下探之势，重心快速下移，在日K线上往往形成长阴线。这也是为什么股市上的大空头总是遭人恨的原因。

4. 三飘旗出货。三飘旗出货方式是指一只股票从底部开始启动，积累一段相当可观的涨升空间后为谋求高位的减仓派发操作，主力在高位区刻意营造三个依次抬高的高点，这三个高点基本上可以通过一条直线来连接。每次出现高点过后，股价出现回调，就好像竖起一根旗杆后拉出一面旗，回调低点也有所提高。当第三个高点出现后，股价出现长阴贯空K线，完成三飘旗形态的构筑过程，股价进入下跌阶段。标准的三飘旗形态的最后是股价出现长阴贯空K线，可以确认形态的完成（图8-14）。

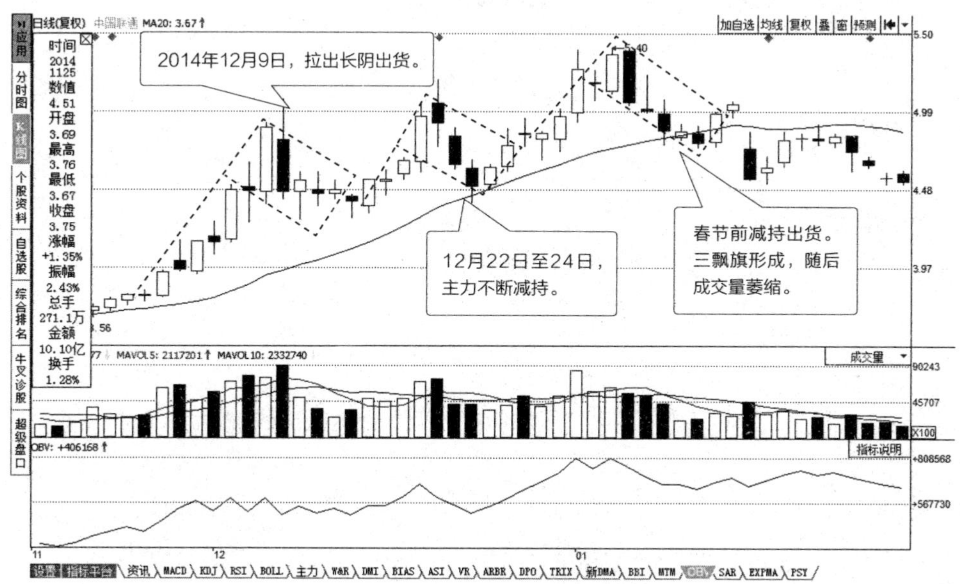

图8-14 三飘旗出货

三飘旗出货方法其实是主力坐长庄的一种操盘办法，高抛低吸，不会着急一次性把货出尽，而是一个波段又一个波段地赚，这时候主力的利润是最大化的，可能股价只涨了50%，可是他的利润已经有150%，股价不高散户们也愿意跟，不会害怕。他要涨到什么位置，跌到什么位置，散户完全没办法预测。而且主力始终都能控制住这只股票，顺势而为，股票也不用全部抛掉，无论上涨还是下跌对他都有利。

操盘金言

一般而言，从主力建仓到出货，股价要有一倍左右的涨幅，这样主力才能有50%左右的利润，这种利润要在较为平静的大势中才能取得。若大势不好，主力的利润就会减少，若大势较好，主力就会更上一层楼，把价格拉得更高，从而获得更丰厚的利润。

附录：股市常见的专业术语

投资者开户交易之前，最好先明白下面股市常见的专业术语。

术语1：崩盘

崩盘即证券市场上由于某种利空原因，出现了证券大量抛出，导致证券市场价格无限度下跌，不知到什么程度才可以停止。这种接连不断地大量抛出证券的现象也称为卖盘大量涌现。

这是证券市场最可怕的一种景象，美国1929年曾出现过此种情况。

术语2：吃货

指庄家在股票处于低价时暗中买进股票，又叫吸货、进货。

术语3：出货

指庄家在高价时，不动声色地卖出股票，称为出货。在庄家出货后期，股价往往出现暴跌，散户将被丢弃在高位。

术语4：大户

指大额投资人，例如拥有庞大资金的集团或个人。一些券商营业部备有专门的地方（大户室）让这些人独自交易。

术语5：超买

超买是指股价持续上升到一定高度，买方力量基本用尽，市场下跌动能开始积聚，股价有较大可能即将下跌。

术语6：超卖

股价持续下跌到一定低点，卖方力量基本用劲，股价即将回升。

术语7：成长股

指新添的有前途的产业中利润增长率较高的企业股票。一般来说，成长股的股价呈不断上涨趋势。

术语8：成交笔数

指该股成交的次数。

术语9：成交数量

指当天成交的股票数量。

术语10：低价区

一般是多头市场的初期，此时为中短期投资的最佳买点。

术语11：底部

股价长期趋势线的最低部分。

术语12：跌破

股价冲过关卡向下突破称为跌破。

术语13：跌势

股价在一段时间内不断朝新低价方向移动。

术语14：跌停板

证券交易当天股价的最低限度称为跌停板，跌停板时的股价称跌停板价。一般说，开市即跌停的股票，于第二日仍有可能惯性下跌，尾盘突然跌停的股票，庄家有骗线的可能，可关注。

术语15：多翻空

原本看好行情的买方看法改变，变为卖方。

术语16：多杀多

买入股票后又立即卖出股票的做法称为多杀多。

术语17：技术因素

许多报纸经济栏内刊登的反映股市特点的各种“技术因素”，如主、次要趋势和逆向运动等。这些因素可以短期内对股票的卖空数量，零星股和整数股的交易比率，哪些股票上升到新高度，哪些股票下降到新低点等进行有益的分析，这对职业投资者和投机者的好处远大于普通投资者。

术语18：多头市场

也称牛市，就是股票价格普遍上涨的市场。

术语19：空头市场

也称熊市，与牛市相反，是股票价格普遍下跌的市场。

术语20：反弹

在股市上，股价呈不断下跌趋势，终因股价下跌速度过快而反转回升到某一价位的调整现象称为反弹。一般来说，股票的反弹幅度要比下跌幅度小，通常是反弹到前一次下跌幅度的三分之一左右时，又恢复原来的下跌趋势。

术语21：反转

股价朝原来趋势的相反方向移动分为向上反转和向下反转。

术语22：割肉

指高价买进股票后，大势下跌，为避免继续损失，低价赔本卖出股票。止损是割肉的一种，提前设立好止损价位，防止更大的损失，是短线投资者应灵活运用的方法，新手使用可防止深度套牢。

术语23：关卡

一般将整数位或黄金分割位或股民习惯上的心理价位称之为关卡。

术语24：换手率

换手率是指在一定时间内市场中股票转手买卖的频率，是反映股票流通性的指标之一。计算公式为：换手率=（某一段时间内的成交量/流通股数）×100%。一般来说，当股价处于低位时，当日换手率达到4%左右时应引起投资者的关注，而上升途中换手率达到20%左右时则应引起警惕。

术语25：回档

在股市上，股价呈不断上涨趋势，终因股价上涨速度过快而反转回跌到某一价位，这一调整现象称为回档。一般来说，股票的回档幅度要比上涨幅度小，通常是反转回跌到前一次上涨幅度的三分之一左右时又恢复原来上涨趋势。

术语26：诱多、诱空

诱多就是庄家利用一些特殊的图表形态，引诱散户投资者买入股票。而诱空就是指主力利用某些特殊图表形态引诱散户投资人卖出手中持有的股票。

术语27：获利回吐

获利回吐，指的是投资者持有的某只股票已经出现账面盈利，但没有卖出股票，后来股价下滑，此前的账面盈利缩减或失去。另外，我们也把获利的投资者所抛售的筹码称为获利回吐。

术语28：对敲

对敲，是指行为人意图影响证券市场行情，与他人合谋，双方分别扮演卖方和买方角色，各自按照约定的交易券种、价格、数量，发出交易委托指令并达成交易的行为，即一方做出交易委托，另一方做出相反交易委托，依事先合谋的内容达成交易，以达到操纵股价的目的。

后记

汽车上路必须有个驾照，这是大家都知道的道理，因为驾驶是个高风险的活儿。股市投资同样是个高风险的活儿，历来都有“股市十人，七亏二平一赚”之说，也就是说十个人当中，按概率只有一人能盈利，可见股市风险程度之高。但就是这样一个高风险行业中，真正拿到“驾照”的人却不多。

事实上，许多投资者都在对股市知识储备严重不足的情况下，大举资金进入股市驰骋，这就好比一位“无证驾驶者”在高速路上风驰电掣，是相当危险的。生活中需要不断地学习，股市中同样需要不断地学习。

可惜的是，股市中的不少投资者尤其是不少中小投资者，缺乏的正是学习的精神。连基本的K线图都看不懂，就敢于进入股市拼杀。或许他们觉得自己运气好，又或许他们觉得股市是一个捡钱的地方。但我们知道，股市并不是一个捡钱的地方，在股市里也没有人能够一直拥有好运气。

即便是牛市来临，同样也有很大风险。不懂任何知识地闯荡股市是非常危险的事情。当然知识永远不可能准备充分，但你至少要弄通股市的逻辑。而这个股市逻辑最直接的表现就是一种适合自己的炒股工具。本书推荐您学习K线技术，不仅因为K线是技术分析的基础和核心技术，更因为它简单有效。

那一根根红绿绿的K线好比股市潮汐中的海浪，引领潮水向着目的地冲击。投资者若不识K线，很可能会被巨浪吞没而葬身股海。若能识K线、用K线，则可顺着K线乘风破浪，一路前行。

本书从如何识别K线讲起，让每位试图进入股市的朋友都能懂得识别K线，了解K线所代表的技术含义，将K线作为股海的灯塔，指引航向，找到埋藏金矿的珍宝岛。希望你能从本书中找到掘金之道，实现自己的财富梦想。最后祝您投资顺利。